Vossos filhos *e* vossas filhas

profetizarão

José Fernandes de Oliveira
Pe. Zezinho, scj

Vossos filhos *e* vossas filhas

profetizarão

Dados Internacionais de Catalogação na Publicação (CIP)
(Câmara Brasileira do Livro, SP, Brasil)

Oliveira, José Fernandes de
Vossos filhos e vossas filhas profetizarão / José Fernandes de Oliveira
(Pe. Zezinho). -- São Paulo : Paulinas, 2018. -- (Ministério Pastoral)

ISBN 978-85-356-4460-9

1. Espiritualidade 2. Fé 3. Profecias 4. Teologia pastoral 5. Vida cristã
I. Título. II. Série.

18-19747   CDD-248.4

Índice para catálogo sistemático:
1. Vida espiritual : Cristianismo   248.4

Iolanda Rodrigues Biode - Bibliotecária - CRB-8/10014

1ª edição – 2018

Direção-geral: *Flávia Reginatto*
Editora responsável: *Andréia Schweitzer*
Copidesque: *Ana Cecilia Mari*
Coordenação de revisão: *Marina Mendonça*
Revisão: *Sandra Sinzato*
Gerente de produção: *Felício Calegaro Neto*
Projeto gráfico: *Jéssica Diniz Souza*
Capa e diagramação: *Tiago Filu*

Nenhuma parte desta obra poderá ser reproduzida ou transmitida
por qualquer forma e/ou quaisquer meios (eletrônico ou mecânico,
incluindo fotocópia e gravação) ou arquivada em qualquer sistema ou
banco de dados sem permissão escrita da Editora. Direitos reservados.

Paulinas
Rua Dona Inácia Uchoa, 62
04110-020 – São Paulo – SP (Brasil)
Tel.: (11) 2125-3500
http://www.paulinas.com.br – editora@paulinas.com.br
Telemarketing e SAC: 0800-7010081
© Pia Sociedade Filhas de São Paulo – São Paulo, 2018

Pode um jovem ser celebrado como profeta?
Só os adultos podem profetizar?
Em Israel houve profetas jovens?
No Cristianismo houve jovens profetas?
O que se espera de um profeta nos dias de hoje?

Se o que o profeta proclamar em nome do Senhor
não acontecer nem se cumprir,
esta mensagem não vem do Senhor.

(Deuteronômio 18,22)

E sucederá que derramarei o meu Espírito sobre toda carne,
e vossos filhos e vossas filhas profetizarão,
os vossos velhos terão sonhos, os vossos jovens terão visões.

(Joel 2,28)

E nos últimos dias acontecerá, diz o Senhor,
que do meu Espírito derramarei sobre toda carne;
e os vossos filhos e as vossas filhas profetizarão,
os vossos jovens terão visões
e os vossos velhos terão sonhos.

(Atos 2,17)

SUMÁRIO

Perscrutai 11

Profetas humildes e coerentes 14

Voltaram os profetas ou voltaram os impostores? 16

Pedras e tijolos 31

Supostamente 37

Características do bom profeta 38

O meu profeta e o seu profeta 44

Cantar é ou não é profecia? 46

Profetas e pedagogos 55

Patriarcas, profetas e pecadores 58

Fama e sucesso nem sempre são profecias 63

Elias errou gravemente 67

O profeta nem sempre é amado 70

Cuidado com os profetas alienados 71

Mandai-nos profetas sensatos 75

Cantores profetas e cantores não profetas 79

Profetas que não oram 82

Borboletas e baratas tontas 86

A arte de se consertar 89

Tão jovens e tão ultrapassados 90

Geração sim-sim, não-não 93

Jovens agora, já 95

Incapazes de dialogar 96

Sequestrados pelos traficantes..97

Jovens que aprenderam a repercutir 102

Sexo, drogas e suicídio 104

Cercados de psicopatas 106

Ninguém é tão bambambã 108

Pôr os pingos nos "is" 110

A decisão é sua 111

Vida de tartaruga 113

Profetas que sabem dialogar...115

Não me chame de profeta 117

Imagino que você tenha entendido! 119

PERSCRUTAI

Examinais as Escrituras,
porque vós cuidais ter nelas a vida eterna,
e são elas que de mim testificam.

(João 5,39)

Examinai-vos a vós mesmos, se permaneceis na fé;
provai-vos a vós mesmos.
Ou não sabeis quanto a vós mesmos,
que Jesus Cristo está em vós?
Se não é que já estais reprovados.

(2 Coríntios 13,5)

As orientações para o ano da vida consagrada podem nada dizer para alguns de nós que nos sentimos desanimados com as nossas regras e nossas vivências. Não temos vocações para manter nossas obras.

E podem nos deixar cheios de paz inquieta e de esperança, como o Papa Francisco sugere. Nos documentos 31, 35 e 199, que imagino que já estejam lendo, há riquíssimas orientações sobre nosso papel na Igreja. Não temos por que ser pessimistas a respeito do futuro, mas também não temos o direito de levar uma vida despreocupada, como se a nossa vida religiosa ou a vida religiosa na Igreja corresse às mil maravilhas. Não está bem, mas não vai acabar. Haverá sempre um Francisco, uma Clara, um João de Deus, uma Teresa, um

Domingos, um La Salle, um Dom Bosco, um Inácio de Loyola e um Antônio e centenas de líderes a recriar o que parecia sem solução. E a vida religiosa na Igreja sempre foi criativa. Deus sempre nos mandou santos que sacudiram nossos corredores e nossos pátios dormentes e nos jogaram para fora, para viver a serviço do povo.

Os tempos de agora parece que não nos favorecem. Com exceção de alguns bolsões de serviço e de mudanças, temos líderes e seguidores perdidos. A pergunta de muitos é esta: "Como fica a nossa congregação? Os jovens não nos admiram. E, quando admiram, não querem viver esta forma de consagração que vivemos".

O mundo secularizou-se. E muitos consagrados em milhares de igrejas que surgem a cada esquina e a cada quadra não traduzem o rosto do Cristo, porque apostam demais no marketing e na conquista de fiéis. Em muitos casos eles não passam de contribuintes para manter os templos e as grandiosas obras que servem como prova de que Jesus está com eles. E acham que não está conosco, porque, enquanto eles crescem, nós diminuímos.

Mas é engodo e leitura errada. Nossas praças nos grandes lugares de preces estão sempre cheias, nossos grandes templos estão cheios e há obras prosperando em toda parte. E estamos cuidando de leprosos, pobres, usuários de drogas, infelizes e dos "goel", os sem ninguém. E são muitos os mártires católicos que morreram lutando pelos pobres e defendendo os feridos. Os jornais esquecem depressa, mas quem mais morreu pelos pobres na América Latina foram os religiosos. Os idealistas políticos também morreram, mas façam as contas para ver quem morreu pela paz e quem morreu atiçando conflitos.

Bispos, padres, freiras, jovens catequistas foram lá e arriscaram a vida pelos pequenos.

Não tivemos a mesma graça, mas podemos ser, como diz o Papa Francisco, sentinelas de um novo tempo, surpresas de Deus, perscrutadores do horizonte, religiosos que não renunciam à sua profecia.

Os tempos são de martírio. De líderes festejados por nossos hospitais e nossas escolas, passamos a ser escorraçados de nossas funções e os hospitais e escolas caíram nas mãos da indústria da saúde e da indústria das escolas. As santas casas, que vicejavam à sombra da Igreja, estão cada dia menos santas e as verbas dos governos, cada dia mais escassas, até porque muitas vezes o dinheiro sumiu e já não estávamos lá naquelas santas casas.

O mundo pensa que não precisa mais das religiosas e dos religiosos. E o governo não nos vê como aliados. Onde uma religiosa fazia o trabalho de quinze, agora há quinze funcionários fazendo o trabalho de três ou quatro. Tudo se politizou, desde a creche, os orfanatos, os presídios, até os hospitais e o cuidado dos pobres. Ficarão conosco o que não der voto ou lucro. E é bem aí que verão a diferença entre um religioso e uma religiosa com leigos comprometidos com a caridade e os sindicatos.

Os cuidadores dos pobres nos hospitais são milhares. Enfermeiras e enfermeiros e cuidadores da saúde vieram da inspiração cristã. Mas estes servidores começam a sentir a escassez de condições para praticar a caridade, porque falta quase tudo onde a política põe as mãos.

PROFETAS HUMILDES E COERENTES

Então disse Elias ao povo: "Só eu fiquei por profeta do SENHOR, e os profetas de Baal são quatrocentos e cinquenta homens."

(1 Reis 18,22)

Porque assim diz o SENHOR dos Exércitos, o Deus de Israel: Não vos enganem os vossos profetas que estão no meio de vós, nem os vossos adivinhos, nem deis ouvidos aos vossos sonhos, que sonhais.

(Jeremias 29,8)

"Filho do homem, profetiza contra os profetas de Israel que profetizam, e dize aos que só profetizam de seu coração: Ouvi a palavra do SENHOR."

(Ezequiel 13,2)

E, chegando eles ao outeiro, eis que um grupo de profetas lhes saiu ao encontro; e o Espírito de Deus se apoderou dele, e profetizou no meio deles.

(1 Samuel 10,10)

A respeito de profecia e de profetas em todos os tempos, profetas devem falar ou calar-se no tempo certo e para as pessoas certas. Até porque o silêncio também é uma profecia.

Mas profeta vaidoso, agressivo e violento sempre foi repreendido e punido por Deus. Profeta deve ser corajoso e capaz de sustentar sua palavra, mas nunca por vaidade ou por veleidade.

Comecemos nossa reflexão com estas palavras: profeta de verdade é coerente, corajoso, mas humilde. Não puxa a glória para si mesmo. O caso de Jonas é típico. Pôs a sua profecia acima da misericórdia de Deus. Não gostou que Deus tivesse perdoado Nínive. Entendeu que Deus o desautorizara porque, ao perdoar o povo, a profecia de Jonas não se realizou. E Deus lhe deu uma lição magistral.

O simbolismo do Jonas engolido pela baleia do orgulho desmedido aplica-se a todo profeta ou pregador famoso que se acha o superprofeta, que não pode ser contrariado e começa a punir quem não o ouve. Foram inúmeros os profetas punidos por se terem em grande conta, porque multidões os seguiam.

E levantaram a Jonas, e o lançaram ao mar, e cessou o mar da sua fúria (Jonas 1,15).

Mas isso desagradou extremamente a Jonas, e o profeta ficou irado com Deus. E orou ao Senhor, e disse: "Ah! Senhor! Não foi esta minha palavra, estando ainda na minha terra? Por isso é que me preveni, fugindo para Társis, pois sabia que és Deus compassivo e misericordioso, longânime e grande em benignidade, e que te arrependes do mal. Peço-te, pois, ó Senhor, tira-me a vida, porque melhor me é morrer do que viver" (Jonas 4,1-3).

VOLTARAM OS PROFETAS OU VOLTARAM OS IMPOSTORES?

O povo acreditava em profetas!

Disse-lhe a mulher: "Senhor, vejo que és profeta" (João 4,19).

O qual convém que o céu contenha até aos tempos da restauração de tudo, dos quais Deus falou pela boca de todos os seus santos profetas, desde o princípio (Atos 3,21).

"Senhor, mataram os teus profetas, e derrubaram os teus altares; e só eu fiquei, e buscam a minha alma?" (Romanos 11,3).

A uns pôs Deus na igreja, primeiramente apóstolos, em segundo lugar profetas, em terceiro doutores, depois milagres, depois dons de curar, socorros, governos, variedades de línguas (1 Coríntios 12,28).

Não toqueis os meus ungidos, e aos meus profetas não façais mal (1 Crônicas 16,22).

E ele mesmo deu uns para apóstolos, e outros para profetas, e outros para evangelistas, e outros para pastores e doutores (Efésios 4,11).

E vos tenho enviado todos os meus servos, os profetas, madrugando, e insistindo, e dizendo: Convertei-vos, agora, cada um do seu mau caminho, e fazei boas as vossas ações, e não sigais a outros deuses para servi-los; e assim ficareis na terra que vos dei a vós e a vossos pais; porém não inclinastes o vosso ouvido, nem me obedecestes a mim (Jeremias 35,15).

E sempre houve falsos profetas

E surgirão muitos falsos profetas, e enganarão a muitos (Mateus 24,11).

E também houve entre o povo falsos profetas, como entre vós haverá também falsos doutores, que introduzirão encobertamente heresias de perdição, e negarão o Senhor que os resgatou, trazendo sobre si mesmos repentina perdição (2 Pedro 2,1). Já não vemos os nossos sinais, já não há profeta, nem há entre nós alguém que saiba até quando isto durará (Salmos 74,9).

Os seus chefes dão as sentenças por suborno, e os seus sacerdotes ensinam por interesse, e os seus profetas adivinham por dinheiro; e ainda se encostam ao SENHOR, dizendo: "Não está o SENHOR no meio de nós? Nenhum mal nos sobrevirá" (Miqueias 3,11).

E disse-me o SENHOR: "Os profetas profetizam falsamente no meu nome; nunca os enviei, nem lhes dei ordem, nem lhes falei; visão falsa, e adivinhação, e vaidade, e o engano do seu coração é o que eles vos profetizam" (Jeremias 14,14).

Portanto assim diz o SENHOR acerca dos profetas que profetizam no meu nome, sem que eu os tenha mandado, e que dizem: Nem espada, nem fome haverá nesta terra: À espada e à fome, serão consumidos esses profetas (Jeremias 14,15).

Até quando sucederá isso no coração dos profetas que profetizam mentiras, e que só profetizam do engano do seu coração? (Jeremias 23,26).

Acautelai-vos, porém, dos falsos profetas, que vêm até vós vestidos como ovelhas, mas, interiormente, são lobos devoradores (Mateus 7,15).

Jerusalém, Jerusalém, que matas os profetas, e apedrejas os que te são enviados! Quantas vezes quis eu ajuntar os teus filhos, como a galinha ajunta os seus pintos debaixo das asas, e tu não quiseste! (Mateus 23,37).

Nos dias de hoje, nos quais a palavra se multiplicou em trilhões de mensagens e nos quais qualquer um pode falar e profetizar em seu próprio nome ou em nome de Deus, é mais do que urgente saber distinguir entre o verdadeiro e o falso profeta.

Foi assim no tempo de Jeremias, foi assim no tempo de Jesus e dos apóstolos e é assim no tempo da mídia, da televisão e das redes sociais. Há milhões de falsos profetas predizendo o que eles imaginam que será, quando eles mesmos não sabem quem são e agem como analfabetos na hora de ler os acontecimentos que se desenrolam debaixo de seus narizes....

* * *

O que é profecia?

Profeta é quem se arrisca a dizer o que deve ser dito, quando a maioria tem medo de abrir a boca por muitas razões; ou quando a maioria fala sem autoridade, apenas pelo prazer de parecer profeta que não é. Para o profeta, só existe uma razão: o povo precisa pensar no seu passado e no seu futuro, porque há falsos líderes levando o povo para caminhos de sofrimento.

Profeta é quem sinaliza o presente, analisa o passado e abre caminhos para o amanhã do seu povo. Às vezes ele prediz, mas, na maioria das vezes, ele conclui com antecedência, porque soube ler acontecimentos e comportamentos.

Mais do que adivinho, o profeta é um analista. Sabe no que vai dar a alienação de um povo imediatista.

O profeta Jesus

Jesus leu, analisou, predisse e previu os acontecimentos em Israel. Continuando daquele jeito, Israel acabaria outra vez sem autonomia e sem destino. Aliás, já estava sem autonomia e à mercê de sacerdotes politizados que visavam mais à sua sobrevivência do que o bem do povo. Os romanos eram cruéis com seus domínios.

Israel perdera o rumo e o prumo nas mãos de dirigentes sem alma e sem compaixão. Alguns deles eram psicopatas. As almas estavam perdidas e viviam como ovelhas sem pastor. Jesus se propôs a ser caminho, verdade e vida. Ofereceu caminhos de paz. Foi assassinado porque propôs mudanças de rumo!

A profetisa Maria

O evangelista Lucas, que foi um médico, discípulo de Paulo e fez um relato das pregações de Jesus, disse que a mãe de Jesus também analisava seu tempo e lia os acontecimentos de Israel do seu tempo.

Atribui a ela um hino que também Ana, mãe de Samuel, cantara (1 Samuel 2,11). Segundo Lucas (1,46-55), o povo de Israel, mais precisamente os judeus, esperava a ascensão dos pobres, porque a opressão era muito grande. Maria esperava por esta libertação. Só não pensava que seria a mãe do esperado libertador.

Os dois cânticos das duas profetisas.

Ana cantou. Então orou Ana:

O meu coração exulta ao SENHOR, o meu poder está exaltado no SENHOR; a minha boca se dilatou sobre os meus inimigos, porquanto me alegro na tua salvação.

Não há santo como o SENHOR; porque não há outro fora de ti; e rocha nenhuma há como o nosso Deus.

Não multipliqueis palavras de altivez, nem saiam coisas arrogantes da vossa boca; porque o SENHOR é o Deus de conhecimento, e por ele são as obras pesadas na balança.

O arco dos fortes foi quebrado, e os que tropeçavam foram cingidos de força.

Os fartos se alugaram por pão, e cessaram os famintos; até a estéril deu à luz sete filhos, e a que tinha muitos filhos enfraqueceu.

O SENHOR é o que tira a vida e a dá; faz descer à sepultura e faz tornar a subir dela.

O SENHOR empobrece e enriquece; abaixa e também exalta.

Levanta o pobre do pó, e desde o monturo exalta o necessitado, para o fazer assentar entre os príncipes, para o fazer herdar o trono de glória; porque do SENHOR são os alicerces da terra, e assentou sobre eles o mundo

Os pés dos seus santos guardará, porém os ímpios ficarão mudos nas trevas; porque o homem não prevalecerá pela força.

Os que contendem com o SENHOR serão quebrantados, desde os céus trovejará sobre eles; o SENHOR julgará as extremidades da terra; e dará força ao seu rei, e exaltará o poder do seu ungido.

Maria cantou. Disse então Maria:

A minha alma engrandece ao Senhor,

E o meu espírito se alegra em Deus meu Salvador;

Porque viu a pequenez de sua serva.

Desde agora todas as gerações me chamarão bem-aventurada,

Porque me fez grandes coisas o Poderoso; santo é seu nome.

Sua misericórdia vai de geração a geração para quem o teme.

Com o seu braço agiu para valer.

Enfrentou os soberbos que pensavam ser imbatíveis.

Depôs os poderosos dos seus tronos.

Aos pequenos e humildes ele promoveu.

Aos famintos encheu de bens e a sacola dos ricos ficou vazia.

Auxiliou a Israel seu servo, recordando-se da sua misericórdia;

Foi isso o que ele prometeu aos nossos pais,

A Abraão e à sua posteridade, para sempre.

Se Maria conhecia o canto de Ana? Seria como perguntar se sua mãe conhecia alguns cantos da missa, quando engravidou de você. Seguramente Maria conhecia a história das santas mulheres de Israel. Lucas registrou o que Maria lhe disse. Maria vivia entre os discípulos de seu filho.

Ainda existem profetas?

Existe gente que lê com antecedência os rumos desastrosos e catastróficos de um povo e os projetos pelos quais os líderes políticos e religiosos e sua mídia estão conduzindo a população.

Existe gente que vê mais longe, mas não é levada a sério. Os profetas em geral não são levados a sério. Até porque há pseudoprofetas loucos, que de profetas não têm nada. Jeremias os denuncia em 14,14. Loucos por serem notados, falam como se soubessem, dando a impressão de que Deus lhes falou. Assumem uma profecia que não possuem, mas ganham status com suas pseudovisões e profecias.

Por causa desses doidos, os profetas sérios são ignorados. Mas bem que eles avisaram e preveniram que o país iria para o bueiro. Isaías, Jeremias e Jesus falaram e não foram levados a sério.

Os nossos profetas e os profetas dos outros

O papel do profeta não é ser popular. O que tiver de ser dito ele dirá, sabendo das consequências. É uma das características da ação dos profetas em termos de crise nacional ou mundial. Mas, no seu tempo, em geral, não são ouvidos. Mais tarde, com a chegada do sofrimento, tardiamente se reconhece que aquilo já havia sido previsto.

A tendência dos fiéis de todas as culturas e de todas as religiões é canonizar seus próprios profetas e rejeitar os profetas dos outros. Mas muitas vezes acontece que os nossos profetas podem ser menos profetas do que os dos outros.

Então se dá a guerra dos prós e dos contras. Já não é mais profecia. Torna-se política partidária em nome da fé! É mais política e ideologia do que teologia ou profecia!

Não me considero profeta

Se um dia você foi chamado de jovem profeta, e se aceitou o elogio e se considera profeta por alguma razão, como sucedeu a vários jovens no decorrer do tempo, desde Daniel até São Francisco – gente jovem que viveu e morreu pelos outros –, pense duas vezes antes de aceitar o elogio.

O melhor é pedir desculpas e discordar, repetindo as palavras de Jesus em Lucas 17,10: "Assim também vós, quando fizerdes tudo o que vos for mandado, dizei: 'Somos servos inúteis, porque fizemos somente o que devíamos fazer'".

Ou recitem com Maria: "Disse então Maria: 'Eis aqui a serva do Senhor; cumpra-se em mim segundo a tua palavra'" (Lucas 1,38).

Tente fugir das homenagens e das comendas o máximo que puder. Só as aceite, caso alguma autoridade da Igreja pedir a você que faça isso! Profeta que é profeta não se autoelogia e não dobra seu pescoço para qualquer faixa ou fita de reconhecimento. Se o fizer e não tiver como fugir disso, peça a palavra e dedique aos que o precederam, ou a sofredores e a quem merece mais do que você.

Os que se consideram profetas

Uma coisa é alguém considerar você profeta, outra coisa é você se considerar um deles. Já vi isso e ouvi em congressos e encontros, onde o pregador usa o nome de Jesus como se fosse investido de autoridade acima do papa e do bispo.

"Em nome de Jesus, eu declaro"... "Jesus está me dizendo neste momento..." "O Espírito Santo quer que eu lhe diga neste momento..."

São expressões nascidas do Pentecostalismo protestante norte-americano e importadas pela Igreja Católica do Brasil. Escondem um conceito errado de profecia, na qual o que fala ou testemunha não se submete a nenhuma autoridade, senão ao próprio Jesus, que ele crê que neste momento está lhe conferindo autoridade sobre aqueles ouvintes.

Leu errado as passagens bíblicas do Novo Testamento. Ninguém pode falar em nome da Igreja, sem ter sido enviado pelos apóstolos reunidos. Os próprios apóstolos sabiam disso.

Ninguém usava a própria autoridade sem admitir que Jesus o nomeou como apóstolo. *Apostoloi*: embaixadores. O que acontece em muitas igrejas é que o autoproclamado profeta passa por cima do bispo, dos padres e dos pastores daquela comunidade, porque se entende que o porta-voz legítimo naquele momento é ele. E não é.

O arauto é apenas arauto. Sua profecia, se profecia for, é apenas um serviço delegado. Terá que consultar as autoridades, se quiser narrar alguma audição ou visão para a comunidade...

Profeta é mensageiro, e não o dono da mensagem. Terá que primeiro perguntar à autoridade local se pode profetizar naquele palco e naquele púlpito e submeter sua profecia primeiro aos apóstolos do local. Profeta é profeta e apóstolo é apóstolo!

Orar em línguas é o mesmo que profetizar?

Há profecias que não vêm em sons de línguas estranhas. Paulo profetizava, mas nem sempre em línguas, embora ele soubesse orar em línguas (1 Coríntios 3,1). Usou pouco essa linguagem. Sabia usá-la, mas preferiu não usar este dom. Nem pediu por ele. E, para bom entendedor, não é preciso nada mais do que está na Bíblia.

E estes sinais seguirão aos que crerem: Em meu nome expulsarão os demônios; falarão novas línguas (Marcos 16,17).

E todos foram cheios do Espírito Santo, e começaram a falar noutras línguas, conforme o Espírito Santo lhes concedia que falassem (Atos 2,4).

Todavia eu antes quero falar na igreja cinco palavras na minha própria inteligência, para que possa também instruir os outros, do que dez mil palavras em língua desconhecida (1 Coríntios 14,19).

E a outro a operação de maravilhas; e a outro a profecia; e a outro o dom de discernir os espíritos; e a outro a variedade de línguas; e a outro a interpretação das línguas (1 Coríntios 12,10).

Ainda que eu falasse as línguas dos homens e dos anjos, e não tivesse amor, seria como o metal que soa ou como o sino que tine (1 Coríntios 13,1).

O amor nunca falha; mas havendo profecias, serão aniquiladas; havendo línguas, cessarão; havendo ciência, desaparecerá (1 Coríntios 13,8).

E a uns pôs Deus na igreja, primeiramente apóstolos, em segundo lugar profetas, em terceiro doutores, depois milagres, depois dons de curar, socorros, governos, variedades de línguas (1 Coríntios 12,28).

Têm todos o dom de curar? Todos falam diversas línguas? Todos interpretam? (1 Coríntios 12,30).

E eu quero que todos vós faleis em línguas, mas muito mais que profetizeis; porque o que profetiza é maior do que o que fala em línguas, a não ser que também interprete para que a igreja receba edificação (1 Coríntios 14,5).

Se, pois, toda a igreja se congregar num lugar, e todos falarem em línguas, e entrarem indoutos ou infiéis, não dirão porventura que estais loucos? (1 Coríntios 14,23).

Portanto, irmãos, procurai, com zelo, profetizar, e não proibais falar línguas (1 Coríntios 14,39).

Predizer ainda não é profetizar

Os que nunca estudaram religião tendem a ficar com definições populares e folclóricas que não descrevem nem se aprofundam no assunto. Mas alguém que lesse o que foi escrito sobre profecia e profetas na Bíblia veria que divinação, adivinhação, astrologia, feitiçaria, sonhos ou magia eram o oposto da profecia.

Respondeu Daniel na presença do rei, dizendo: "O segredo que o rei requer, nem sábios, nem astrólogos, nem magos, nem adivinhos o podem declarar ao rei" (Daniel 2,27).

Josias aboliu a evocação de espíritos, os leitores de sorte, os ídolos domésticos e todos os abomináveis ídolos que havia na terra de Judá e em Jerusalém. E assim cumpriu as palavras da Lei, escritas no livro que o sacerdote Helcias encontrara na Casa do SENHOR (2 Reis 23,24).

Não ouvirás as palavras daquele profeta ou sonhador de sonhos; porquanto o SENHOR vosso Deus vos prova, para saber se amais o SENHOR vosso Deus com todo o vosso coração, e com toda a vossa alma (Deuteronômio 13,3).

Porém o profeta que tiver a presunção de falar alguma palavra em meu nome, que eu não lhe tenha mandado falar, ou o que falar em nome de outros deuses, esse profeta morrerá (Deuteronômio 18,20).

Quando o profeta falar em nome do SENHOR, e essa palavra não se cumprir, nem suceder assim; esta é palavra que o SENHOR não falou; com soberba a falou aquele profeta; não tenhas temor dele (Deuteronômio 18,22).

E perguntou Saul ao SENHOR, porém o SENHOR não lhe respondeu, nem por sonhos, nem por Urim, nem por profetas (1 Samuel 28,6).

Nem naquele tempo, em que não existia a ciência da psicologia ou da psiquiatria, nem hoje é fácil distinguir quem é profeta e quem é um sonhador ou um impostor. Os próprios profetas tinham imensa dificuldade de provar que eram profetas e que seus adversários é que estavam mentindo.

Por isso, é necessário todo cuidado para não confundir as coisas. Nem a direita nem a esquerda profética das igrejas estão dizendo a verdade, se ambas estiverem faltando com a caridade!

Prove que você é profeta

Nos dias de imediatismo televisivo, as pessoas não têm nem tempo nem cabeça para questionar os profetas ou líderes de religião ou de partido. Engolem sua fama como se fosse um chamado de Deus e simplesmente fazem o que o líder máximo mandou.

Os outros são falsos, eles nunca! Os outros mentiram, ele nunca. Por mais provas que os investigadores e juízes aduzam, seu profeta, seu líder sempre será inocente.

E foi isso que no livro dos Reis aconteceu com Elias. Ele era o máximo em profecia. Era o bambambã do momento. Ninguém ousava questioná-lo. Questioná-lo seria heresia. E foi assim que todos aceitaram a barbaridade ordenada pelo profeta Elias num momento de desequilíbrio, a morte de 450 sacerdotes de Baal, que estavam desarmados e derrotados. Fosse quem fosse esta divindade chamada Javé, Deus é que não era. Ou não era Javé, ou não era o verdadeiro Deus que ordenara isto. Então, restou ao profeta ceder a um momento de loucura, porque se sentiu acima de Deus. E os sacerdotes foram mortos.

Então disse Elias ao povo: "Só eu fiquei por profeta do SENHOR, e os profetas de Baal são quatrocentos e cinquenta homens" (1 Reis 18,22).

E Elias lhes disse: "Lançai mão dos profetas de Baal, que nenhum deles escape". E lançaram mão deles; e Elias os fez descer ao ribeiro de Quison, e ali os matou (1 Reis 18,40).

Fundamentalistas sem fundamentos. Nos dias de hoje, há muçulmanos, evangélicos, pentecostais e católicos fundamentalistas achando que Deus quer a morte dos seus inimigos. E não sentem a mínima culpa se alguém morrer por conta de sua pregação agressiva e vingativa. Entendem isso como defesa da fé ou do seu país. Dialogar está fora do plano. Elias fez o mesmo. Para quem conhece a Bíblia, o profeta Elias errou gravemente naquele episódio.

Cuidado com profetas de televisão e de palco. Eles gostam de mostrar um poder que não possuem...

Existem profetas jovens?

Alguns jovens sabem ler os acontecimentos, outros não! Nesse sentido, há jovens profetas atuando no nosso meio. Sua leitura dos comportamentos e dos acontecimentos do nosso povo é lúcida. Estão preferindo sabedoria. E esta é a missão dos profetas, independentemente da idade. Entre os hebreus e entre os cristãos houve muitos santos e santas jovens.

Os três jovens na fornalha, Daniel, Débora, Rute, o diácono Estêvão, o discípulo leigo Ágabo são exemplos de profetas. Muitos deles morreram mártires. Mas tiveram coragem de falar. Não eram malucos nem fanáticos. Eram inspirados pela fé. Há outros que profetizaram falsamente ou de maneira errada e hoje são analisados sob outra ótica. Nesse caso houve extrapolações do papel de profetas. Elias foi um deles. Aplicaram sua profecia com um rigor que não cabia no projeto de Deus.

O profeta pode ser exigente, nunca sem caridade e nunca insensato.

Falam como quem sabe do que fala! No passado como hoje, o bom profeta é aberto ao diálogo. Jesus o foi. Profeta que é profeta não abre a boca em vão. Não deseja aparecer, procurando luzes e câmeras para se destacar. Helder Camara, Mandela, Teresa de Calcutá, Paulo Evaristo Arns, João XXIII, Paulo VI, João Paulo II, Bento XVI e o Papa Francisco não pediram as luzes das câmeras. Foram lançados diante delas por sua missão, que chamou a atenção da mídia mundial. Mas não convocaram os órgãos de imprensa, a não ser para chamar a atenção para o sofrimento de algum povo ou de algum grupo. De si mesmos, quase nunca falaram.

Muniam-se de dados e informações quando precisavam falar. E, quando agredidos e confrontados, sustentavam o que disseram. Sua fala era e é em favor do bem do povo. O que poderia acontecer com eles, não os preocupava. O episódio de vários papas agredidos e ameaçados nos últimos quarenta anos e de religiosos e religiosas, que sabiam que morreriam e mesmo assim profetizaram, são exemplo de profecia autêntica. E, apesar das calúnias, nenhum deles estava a serviço de ideologias. Estavam a serviço do Evangelho de Jesus.

Como eram os profetas da Bíblia?

A história da maioria dos profetas foi de sofrimento. Destaquemos oito deles muito conhecidos até por quem não lê Bíblia.

Isaías, Jeremias, Ezequiel, Amós, Jonas, Oseias, Ageu e Davi tiveram vidas agitadas. Pesquise e verá que para nenhum deles bastou falar bonito.

Mais tarde, Judas se matou, e os outros dez, mais Paulo, morreram por anunciar Jesus. Sobrou João, de quem se diz que foi queimado em óleo fervente. Não há provas de que morreu queimado. Mas a tradição diz que sofreu esse martírio, mas não morreu disso. O diácono Lourenço morreu tostado.

A vida não foi fácil para nenhum deles. Nem para a juíza Débora, nem para Daniel, nem para Samuel. Corriam risco de vida e foram contestados, ou por serem muito jovens ou porque tomaram decisões corajosas. Falsos profetas procuram a fama e as benesses. Mas o bom profeta não serve a nenhum rei nem a nenhum poderoso. E raramente levam vantagem.

Havia profetas nos começos da Igreja?

Estêvão foi um profeta. Testemunhou, repercutiu, falou, não teve medo, deu seu próprio sangue por Jesus. Poderia ter escolhido palavras que não o comprometessem. Mas foi direto ao ponto, como fizeram todos os profetas verdadeiros. Estava cheio do Espírito Santo. E a mensagem que ele trazia era maior do que ele. Foi o mais novo profeta do Novo Testamento.

Um certo Ágabo, leigo, é listado como profeta que os apóstolos ouviram. Predisse o que depois aconteceu, como se lê em Atos 11,28. Mas houve milhares de profetas que predisseram e nada aconteceu.

PEDRAS E TIJOLOS

Pode haver templos de pedras e tijolos? Podem existir e existem. Desde que se encaixem bem, nem os tijolos precisam ser formatados exatamente iguais nem as pedras devem ser cortadas simetricamente iguais. Mas precisam se encaixar. Assim é com a Pastoral dos Jovens ou com a Pastoral das Vocações. Não sonhe com uma igreja simétrica.

As diferenças podem ser virtudes. Nem tudo deve ser diferente e nem tudo deve ser igual. Lembre-se das grandes construções.

O jovem Daniel

Corajoso que só ele, o jovem Daniel não era sacerdote, nem advogado, nem juiz. Mas, ao ouvir as acusações lançadas contra Susana, uma jovem senhora judia, que ele sabia ser uma mulher séria e fiel, correu em defesa dela. E daí que dois juízes a acusavam? Que provassem, porque a Daniel importava a verdade, e não o status e o cargo de juiz. Há bons e há maus juízes. Daniel profetizou em defesa da jovem mulher de Joaquim e desmascarou os velhos e devassos juízes. Não conseguindo seduzi-la nem amedrontá-la, usaram sua autoridade contra ela. A ideia era mostrar que Suzana não era tão pura como diziam.

Daniel enfrentou os juízes e os flagrou em contradição. O povo, que já estava cansado da arbitrariedade de certos juízes, aceitou os argumentos de Daniel. E outros juízes condenaram os maus juízes, e Susana cresceu no conceito do povo, para alegria de Joaquim que amava sua esposa. Quanto a Daniel, o povo ficou sabendo que Deus suscita jovens que defendem os direitos dos oprimidos.

Outra vez Ágabo, o profeta leigo

Ágabo não era nem sacerdote, nem apóstolo, nem discípulo. E também não era diácono. Era um leigo. Mas era um leigo que dizia coisa com coisa. Sensato e maduro. Deus lhe dera o dom da profecia, e os apóstolos o ouviam. Sinal de que naquele tempo havia bons e falsos profetas na Igreja que nascia. E também havia profetisas. Ágabo é citado em Atos 11,28. O que ele profetizou aconteceu, diferentemente de outros que profetizaram e nada aconteceu. Há bons e maus profetas!

Qualquer um pode ser profeta?

Qualquer um pode ser médico? Qualquer um pode ser engenheiro? Qualquer um pode ser padre ou bispo? Qualquer um pode curar? Qualquer um pode profetizar? Qualquer um pode compor uma canção que evangeliza multidões? Ou existe um chamado que vem de Deus e que, se não for de Deus, é falso? Um bom marketing dispensa o chamado de Deus? Por quanto tempo?

E como você saberia que o chamado veio de Deus? Existe uma ciência, uma parte da psicologia, que se chama *counseling and guidance*, também conhecida como "aconselhamento". Ajuda na psicoterapia de apoio (PA), na terapia interpessoal (TIP), na orientação vocacional e na terapia cognitivo-comportamental

(TCC). Quem estuda psicologia e já fez algum curso de orientação vocacional, sabe que conhecer a si mesmo, conhecer as exigências da Igreja Católica e da diocese onde você atua como católico é fundamental.

Quando a Igreja Católica chama os jovens para um Concílio de Jovens, ela supõe tudo isso. A vocação a ser cristão é para todos. Mas os chamados e os carismas não são para quem quer. Há que haver um chamado, um convite e uma aprovação. Não é qualquer um que pode operar o coração, há muitos anos de estudos antes disso. Profecia também. Não basta orar e pedir este dom. E mesmo que o receba, terá que estudar muito para saber distinguir o que é profecia e o que não é. Subir em um palco e profetizar é uma das coisas mais ridículas que pode acontecer numa comunidade. E é isso que tem acontecido em comunidades que juram que o Espírito Santo está criando mais um profeta. Na maioria dos casos é pirotecnia. Sem a opinião de bispos e de seus especialistas, eu não acreditaria. Prefiro errar com a hierarquia do que errar com algum vidente em destaque na mídia ou na diocese.

Jeremias e os falsos profetas

Os sacerdotes não disseram: "Onde está o SENHOR?". E os que tratavam da lei não me conheciam, e os pastores prevaricavam contra mim, e os profetas profetizavam por Baal, e andaram após o que é de nenhum proveito (Jeremias 2,8).

E até os profetas serão como vento, porque a palavra não está com eles; assim se lhes sucederá (Jeremias 5,13).

Os profetas profetizam falsamente, e os sacerdotes dominam pelas mãos deles, e o meu povo assim o deseja; mas que fareis ao fim disto? (Jeremias 5,31).

Então disse eu: "Ah! SENHOR Deus, eis que os profetas lhes dizem: 'Não vereis espada, e não tereis fome; antes vos darei paz verdadeira neste lugar'" (Jeremias 14,13).

E disse-me o SENHOR: "Os profetas profetizam falsamente no meu nome; nunca os enviei, nem lhes dei ordem, nem lhes falei; visão falsa, e adivinhação, e vaidade, e o engano do seu coração é o que eles vos profetizam" (Jeremias 14,14).

Nos profetas de Samaria bem vi loucura; profetizavam da parte de Baal, e faziam errar o meu povo Israel (Jeremias 23,13).

Mas nos profetas de Jerusalém vejo uma coisa horrenda: cometem adultérios, e andam com falsidade, e fortalecem as mãos dos malfeitores, para que não se convertam da sua maldade; eles têm-se tornado para mim como Sodoma, e os seus moradores como Gomorra (Jeremias 23,14).

Até quando sucederá isso no coração dos profetas que profetizam mentiras, e que só profetizam do engano do seu coração? (Jeremias 23,26).

Porque assim diz o SENHOR dos Exércitos, o Deus de Israel: Não vos enganem os vossos profetas que estão no meio de vós, nem os vossos adivinhos, nem deis ouvidos aos vossos sonhos, que sonhais (Jeremias 29,8).

Jesus, os verdadeiros e os falsos profetas

Não cuideis que vim destruir a lei ou os profetas: não vim ab-rogar, mas cumprir (Mateus 5,17).

Portanto, tudo o que vós quereis que os homens vos façam, fazei-lho também vós, porque esta é a lei e os profetas (Mateus 7,12).

Acautelai-vos, porém, dos falsos profetas, que vêm até vós vestidos como ovelhas, mas, interiormente, são lobos devoradores (Mateus 7,15).

Destes dois mandamentos dependem toda a lei e os profetas (Mateus 22,40).

E dizeis: "Se existíssemos no tempo de nossos pais, nunca nos associaríamos com eles para derramar o sangue dos profetas" (Mateus 23,30).

Portanto, eis que eu vos envio profetas, sábios e escribas; a uns deles matareis e crucificareis; e a outros deles açoitareis nas vossas sinagogas e os perseguireis de cidade em cidade (Mateus 23,34).

"Jerusalém, Jerusalém, que matas os profetas, e apedrejas os que te são enviados! Quantas vezes quis eu ajuntar os teus filhos, como a galinha ajunta os seus pintos debaixo das asas, e tu não quiseste!" (Mateus 23,37).

E surgirão muitos falsos profetas, e enganarão a muitos (Mateus 24,11).

Porque se levantarão falsos cristos, e falsos profetas, e farão sinais e prodígios, para enganarem, se for possível, até os escolhidos (Marcos 13,22).

"Ai de vós quando todos os homens de vós disserem bem, porque assim faziam seus pais aos falsos profetas" (Lucas 6,26).

E ele lhes disse: "Ó néscios, e tardos de coração para crer tudo o que os profetas disseram!" (Lucas 24,25).

Disseram-lhe, pois, os judeus: "Agora conhecemos que tens demônio. Morreu Abraão e os profetas; e tu dizes: 'Se alguém guardar a minha palavra, nunca provará a morte'" (João 8,52).

És tu maior do que o nosso pai Abraão, que morreu? E também os profetas morreram. Quem te fazes tu ser? (João 8,53).

Está escrito nos profetas: E serão todos ensinados por Deus. Portanto, todo aquele que do Pai ouviu e aprendeu vem a mim (João 6,45).

Os verdadeiros profetas de hoje

Eles existem. São católicos, evangélicos, muçulmanos, budistas, judeus, ateus, mas profetizam. Sabem para onde a violência está conduzindo o mundo e são profetas da paz. No seu meio eles alertam contra a incapacidade de diálogo do seu povo. Violentos se apossaram de seus países e todos eles correm risco de serem mortos porque querem diálogo e paz. Serão presos, condenados e mortos porque não querem mais violência entre seu povo.

Independentemente de religião, igrejas e grupos espirituais, são movidos pela fé em Deus ou no futuro da humanidade e entendem que o ódio é desumano. São as maiores vítimas da violência entre seu povo. Ser chamado a profetizar em favor da paz entre seu povo e entre as nações equivale nos dias de hoje ao martírio. Nenhum desses profetas está seguro. Mas nenhum deles desiste! Por isso são profetas.

SUPOSTAMENTE

Todo profeta é chamado para falar em nome de Deus, posto que Deus não é visível e não se ouve o som da sua mensagem. O profeta seria o arauto que traz a mensagem do Rei do Universo de maneira visível e audível. Se sua mensagem vem de Deus, então é melhor que ele prove isso.

Para tanto, ele tem que demonstrar credibilidade e provar por palavras e atos que não está inventando nem as palavras nem os sinais e que não é mais um dos milhões de impostores que já falaram falsamente em nome de Deus.

Falso profeta é aquele que usa o nome de Deus para dizer coisas que Deus não disse nem diria; que usa truques de marketing para convencer seus fiéis que pensam que são fiéis de Deus, mas são apenas fiéis daquele falso profeta.

A Bíblia ensina a distinguir entre o bom e o mau profeta. Mas, para saber distinguir, o mínimo que se espera é que o ouvinte tenha lido a Bíblia, a partir de onde falsos profetas foram desmascarados.

Hoje em dia a psicologia e outras ciências da linguagem e dos gestos ajudam a saber quem está enganando o povo na fé e na política.

CARACTERÍSTICAS DO BOM PROFETA

Crê em Deus, e, mesmo quando duvida, respeita quem crê.

Respeita quem não crê e dialoga com ele.

Quer a paz para o seu povo.

Quer a paz entre os vizinhos.

Preza a paz na sua família.

Motiva as pessoas para o amor e para a amizade.

Quer a paz entre os povos.

Quer diálogo entre as religiões.

Quer controle de armas.

Quer a destruição das armas nucleares.

Quer respeito pela vida.

Quer respeito pelo verde e pelas águas.

Quer um país que sabe o que fazer com os dejetos industriais.

Quer controlar quem quer controlar as águas.

Quer políticas eficazes no combate à poluição.

Quer políticas eficazes em defesa do clima no planeta.

Valoriza pai, mãe, avós e educadores.

Propõe disciplina e, ao mesmo tempo, propõe liberdade.

Sabe dos limites de cada pessoa, de cada comunidade e de cada país.

Enfrenta os grupos de ódio, sem odiar.

Combate os terroristas, sem ser terrorista.

Semeia diálogo e amor a seu redor.

Não tem medo de opinar, mesmo que perca a popularidade.

Seu lema é como o de Jesus: amai-vos uns aos outros.

Se alguém tem que morrer, ele se arrisca em favor dos pais de família. Cuida dos direitos humanos, sobretudo dos direitos das crianças. Protege as mulheres e as mães. Cuida dos mais pobres e luta para que ninguém passe fome. Bate de frente com ditadores, sem medo das consequências. Quer seu povo livre e não aceita nenhuma ideologia de ódio. Esses profetas são vistos como inimigos do regime e muitos sabem que morrerão. Em geral querem viver, mas não têm medo de morrer pelo seu povo. Não se filiam a nenhum partido ou corrente ideológica que mata, aborta ou escraviza.

Profetas maiores

O mundo sempre teve grandes e pequenos profetas. Mas Deus sabe quem foi grande e quem foi menor.

A história, às vezes escrita por autores que ficaram de certo lado, foi injusta para com grandes profetas, enquanto encheu de elogios os pequenos profetas e até os canalhas que fingiram ser profetas do seu povo.

Se mataram ou mandaram matar, não foram verdadeiros profetas. E nunca poderiam ser chamados profetas maiores.

Nosso tempo teve grandes profetas, e também teve canalhas que levaram nome de avenidas e de ruas. Mas eram assassinos.

Nosso tempo está repleto de heróis de cinema, de novelas, da moda, do teatro, da canção e até de igrejas. Mas o fato de terem sido aplaudidos não significa que eram heróis. Deram-se bem numa atividade, mas isso não os faz ser profetas, nem heróis, nem santos.

Herói é quem viveu pelos outros e morreu com sinais de caridade e de santidade, depois de uma longa vida de serviço a seu povo e a sua fé.

Profetas menores

O mundo está repleto de profetas menores e eles são muito importantes para um povo. Não é o tamanho nem a repercussão da profecia que faz um profeta maior do que o outro. Isso é marketing ou alcance da mensagem, mas não a sua profundidade.

Dê microfones e câmeras a um pregador sem conteúdo e em pouco tempo ele parecerá um grande profeta. Mas de conteúdo e de espiritualidade quem entende é Deus.

Foi Jesus que disse quem será maior ou menor no Reino dos Céus.

> Porém, muitos primeiros serão os derradeiros, e muitos derradeiros serão os primeiros (Mateus 19,30).
>
> Qualquer, pois, que violar um destes mandamentos, por menor que seja, e assim ensinar aos homens, será chamado o menor no reino dos céus; aquele, porém, que os cumprir e ensinar será chamado grande no reino dos céus (Mateus 5,19).
>
> "Em verdade vos digo que, entre os que de mulher têm nascido, não apareceu alguém maior do que João, o Batista; mas aquele que é o menor no reino dos céus é maior do que ele" (Mateus 11,11).
>
> "Porfiai por entrar pela porta estreita; porque eu vos digo que muitos procurarão entrar, e não poderão" (Lucas 13,24).
>
> "E qualquer que tiver dado só que seja um copo de água fria a um destes pequenos, em nome de discípulo, em verdade vos digo que de modo algum perderá o seu galardão" (Mateus 10,42).

Profetas e profetisas

E há de ser que, depois derramarei o meu Espírito sobre toda a carne, e vossos filhos e vossas filhas profetizarão, os vossos velhos terão sonhos, os vossos jovens terão visões (Joel 2,28).

Então Miriã, a profetisa, a irmã de Arão, tomou o tamboril na sua mão, e todas as mulheres saíram atrás dela com tamboris e com danças (Êxodo 15,20).

E Débora, mulher profetisa, mulher de Lapidote, julgava a Israel naquele tempo (Juízes 4,4).

E disse ela: "Certamente irei contigo, porém não será tua a honra da jornada que empreenderes; pois à mão de uma mulher o SENHOR venderá a Sísera". E Débora se levantou, e partiu com Baraque para Quedes (Juízes 4,9).

Desperta, desperta, Débora, desperta, desperta, entoa um cântico; levanta-te, Baraque, e leva presos os teus cativos, tu, filho de Abinoão (Juízes 5,12).

Profetas do mundo

Os judeus e cristãos nem sempre entendem que a profecia não é dom apenas dos crentes em Deus. Muitos defensores da justiça e da paz também foram profetas.

Na verdade, não há homem justo sobre a terra, que faça o bem, e nunca peque (Eclesiastes 7,20).

Sendo, pois, o homem justo, e praticando juízo e justiça (Ezequiel 18,5).

Deus falou uma vez; duas vezes ouvi isto: que o poder pertence a Deus (Salmos 62,11).

O SENHOR prova o justo; porém ao ímpio e ao que ama a violência odeia a sua alma (Salmos 11,5).

Regozijai-vos no SENHOR, vós justos, pois aos retos convém o louvor (Salmos 33,1).

Os justos herdarão a terra e habitarão nela para sempre (Salmos 37,29).

O justo se alegrará no SENHOR, e confiará nele, e todos os retos de coração se gloriarão (Salmos 64,10).

Quando eu disser ao justo que certamente viverá, e ele, confiando na sua justiça, praticar a iniquidade, não virão à memória todas as suas justiças, mas na sua iniquidade, que pratica, ele morrerá (Ezequiel 33,13).

Para fazer justiça ao órfão e ao oprimido, a fim de que o homem da terra não prossiga mais em usar da violência (Salmos 10,18).

Não eram crentes, mas eram justos! Agradaram a Deus.

Diziam crer em Deus, mas não eram justos. Não agradaram a Deus.

Profetas da fé

Há muitos pregadores que agem como se fossem profetas, mas são apenas pregadores. Não cumprem os postulados de um verdadeiro profeta. Sabem falar bonito, mas não vivem bonito.

Muitos dos pregadores de televisão não preenchem os requisitos da profecia.

Brincar de exorcizar

"Muitos me dirão naquele dia: 'Senhor, Senhor, não profetizamos nós em teu nome? E em teu nome não expulsamos demônios? E em teu nome não fizemos muitas maravilhas?'" (Mateus 7,22).

Mas esta casta de demônios não se expulsa senão pela oração e pelo jejum (Mateus 17,21).

E pregava nas sinagogas deles, por toda a Galileia, e expulsava os demônios (Marcos 1,39).

E expulsavam muitos demônios, e ungiam muitos enfermos com óleo, e os curavam (Marcos 6,13).

Tu crês que há um só Deus; fazes bem. Também os demônios o creem, e estremecem (Tiago 2,19).

E alguns dos exorcistas judeus ambulantes tentavam invocar o nome do Senhor Jesus sobre os que tinham espíritos malignos, dizendo: "Esconjuro-vos por Jesus a quem Paulo prega". E os que faziam isto eram sete filhos de Ceva, judeu, principal dos sacerdotes. Respondendo, porém, o espírito maligno, disse: "Conheço a Jesus, e bem sei quem é Paulo; mas vós quem sois?" E, saltando neles o homem que tinha o espírito maligno, e assenhoreando-se de todos, pôde mais do que eles; de tal maneira que, nus e feridos, fugiram daquela casa (Atos 19,13-16).

O MEU PROFETA E O SEU PROFETA

Quero dizer com isto, que cada um de vós diz:
"Eu sou de Paulo, e eu de Apolo,
e eu de Cefas,e eu de Cristo".
(1 Coríntios 1,12)

É difícil não tomar partidos e lados. Se você gosta daquele movimento, daquele padre e daqueles pregadores, é claro que repercutirá os discursos deles e cantará os cantos deles.

O profeta dos outros, com discurso diferente, não mexe com você. As leituras que você usa o empurram para seu pregador e seu movimento. E qualquer crítica, ainda que fraterna, nunca será bem recebida, porque sua visão será ou neutra ou conservadora ou avançada sociologicamente.

Sua teologia será mais conservadora. E qualquer avanço na teologia será visto com desconforto. O profeta dos outros até pode estar cheio de méritos, mas não é o seu profeta. Não ora como você, não adora como você e não usa os termos que seu movimento usa. Você vai preferir ir à missa com os padres do seu movimento.

São suas escolhas e dificilmente você vai se abrir para ouvir outros profetas. Aliás, na cabeça de alguns leigos, profeta é só aquele que assumiu o seu movimento de espiritualidade. Os outros são estranhos, ou deixam muito a desejar.

São Paulo já falou sobre isso (1 Coríntios 1,12). E nem Paulo conseguiu mudar aquelas cabeças. "Meu profeta é este." O outro pregador é apenas pregador, mas não é profeta.

Está Cristo dividido? Foi Paulo crucificado por vós? Ou fostes vós batizados em nome de Paulo? Dou graças a Deus, porque a nenhum de vós batizei, senão a Crispo e a Gaio, para que ninguém diga que fostes batizados em meu nome (1 Coríntios 13-15).

CANTAR É OU NÃO É PROFECIA?

A pergunta é muito fácil de responder: depende do que se canta e de como se canta!

1. Se o cantor ou a cantora não percebe sua desafinação.
2. Se quebra o ritmo.
3. Se canta alto demais.
4. Se improvisa porque não ensaiou.
5. Se abusa do solo, quando há outros cantores ao redor.
6. Se insiste em cantar sua própria composição.
7. Se o instrumentista abusa do talento, atrapalhando os cantores.
8. Se a escolha dos cantos não combina com o texto da missa.
9. Se os cantores só cantam músicas do seu movimento.
10. Se os cantores escolhem cantos longos e demorados.
11. Se a missa dura 90 ou 120 minutos porque tem cantos demais.
12. Se o animador dança e passeia pelo altar como se fosse show.
13. Se a missa mostra mais o celebrante do que a assembleia.
14. Se os leitores não ensaiam os textos e leem mal.
15. Se o padre gosta de contar episódios de sua vida...
16. Se, enquanto o pregador fala, alguém está afinando o instrumento.
17. Se o sujeito do microfone lidera demais e abafa a assembleia.
18. Se, nos palcos, as escolhas dos cantos não são catequéticas.
19. Se o amor pelo samba ou pelo sertanejo abafa a teologia.
20. Se quem vai pregar parece mais um artista do que pregador.

Nesses casos, é difícil falar em profecia. Alguém apareceu demais naquele palco ou naquele púlpito e, pior ainda, naquele altar...

Pregar é profecia?

Pode ser, como também pode não ser. A insistência no dízimo paroquial, na contribuição e na divulgação de alguma obra pessoal, como o último livro ou como último CD, pode contaminar a pregação.

O padre que foi celebrar com a camisa do seu clube de futebol para agradar parte da assembleia: seu gesto contaminou a pregação. Deixou de ser profecia.

Dançar é profecia?

Se papa, bispo, padre ou diácono e irmãs dançarem, não haverá mal nisso, desde que seja uma dança litúrgica e bem--comportada. Aquele padre que rodou a baiana, com sua túnica esvoaçando como na ala das baianas, passou do limite. O que jogou o sapato embaixo do altar e foi dançar no corredor com o livro na mão, poderia ser bem mais discreto, mas se deixou levar pelo momento. Pior ainda quando disse que foi o impulso do Espírito Santo. Muitos pastores evangélicos fazem e falam a mesma coisa, mas é pelo espírito carnal. A emoção não veio do alto!

No Congresso Nacional quem dançou pela vitória do seu partido perdeu os votos de muita gente. O povo não aceitou o exibicionismo do líder. Houve paróquias que mudaram de padre por causa disso! Ou os fiéis ficavam ou o padre ficava. Em geral o bispo não se deixa levar por petições do povo, mas a cena foi filmada. O padre tirou a túnica e foi dançar no corredor durante o ofertório.

Já houve profecias esdrúxulas, como nos casos de Oseias, Jonas, Elias, e do próprio Moisés. Se você é jovem e gosta de investigar, leia esses textos. Ultrapassaram o campo da profecia. O profeta foi mais longe do que Deus aprovaria. Interpretou errado.

Consulte seu Google! Ou leia mais a sua Bíblia!

Ser libertador é ser profeta?

Depende de qual libertação se trata. Se matou, não foi profecia. Foi impulso e não veio do Espírito Santo. Se torturou e tirou a liberdade, se não foi fraterno, até mesmo na correção, isso não veio do Espírito Santo.

A teologia da libertação já nos concedeu muitos mártires que deram a vida pelos pobres e pelo povo. Se houve abusos, isso não diminui o mérito de quem de fato viveu pelos pobres e para a libertação do povo humilhado e abandonado.

Da mesma forma também existiram grandes santos carismáticos que ensinaram a perdoar, a amar e a orar na adoração diária a Jesus. Também entre adoradores houve alguns que exageraram na sua postura política de rejeição a qualquer cristão que lutou pelos pobres, pelos trabalhadores e pelos excluídos.

É possível ser libertador por missão ou místico carismático sem deixar de lado a oração ou o cuidado com os pobres. São Paulo lembra isso:

E conhecendo Tiago, Cefas e João, que eram considerados como as colunas, a graça que me havia sido dada, deram-nos as destras, em comunhão comigo e com Barnabé, para que nós fôssemos aos gentios, e eles à circuncisão. Recomendando-nos somente que nos lembrássemos dos pobres, o que também procurei fazer com diligência (Gálatas 2,9-10).

Ser carismatico é ser profeta?

Depende do carismático e da profecia que ele vive. O mundo teve grandes carismáticos. Não há quem negue que São Francisco, São Domingos, São Vicente, São Camilo, Santa Teresa, Santa Isabel de Hungria, alguns papas do nosso tempo foram e são carismáticos.

Quem nega isso, ou tem uma noção errada do que é receber um carisma, ou confunde carisma com não envolvimento político. Se fosse assim, nenhum dos profetas teria sido carismático, nem São João Batista nem grandes santos que influenciaram a política do seu tempo poderiam ser chamados de santos ou carismáticos. E foram mais de 400 os santos que lutaram pelos pobres e influenciaram a política do seu tempo. Nos padrões de hoje, nenhum deles foi comunista ou socialista, mas todos enfrentaram reis, imperadores, nobres, duques e condes que oprimiram os pobres.

Nem poderia ser diferente, porque leram os Evangelhos. Todo carismático tem um compromisso com a adoração e com a libertação dos mais pobres, e todo bom libertador tem um carisma voltado para a adoração e a promoção dos mais pobres.

Mas ai de vós, ricos! Porque já tendes a vossa consolação (Lucas 6,24).

Porque receio que, quando chegar, não vos ache como eu quereria, e eu seja achado de vós como não quereríeis; que de alguma maneira haja pendências, invejas, iras, porfias, detrações, mexericos, orgulhos, tumultos (2 Coríntios 12,20).

Manda aos ricos deste mundo que não sejam altivos, nem ponham a esperança na incerteza das riquezas, mas em Deus, que abundantemente nos dá todas as coisas para delas gozarmos (1 Timóteo 6,17).

E, levantando-se, Zaqueu disse ao Senhor: "Senhor, eis que eu dou aos pobres metade dos meus bens; e, se nalguma coisa tenho defraudado alguém, o restituo quadruplicado" (Lucas 19,8).

Respondendo, então, Jesus, disse-lhes: "Ide, e anunciai a João o que tendes visto e ouvido: que os cegos veem, os coxos andam, os leprosos são purificados, os surdos ouvem, os mortos ressuscitam e aos pobres anuncia-se o Evangelho" (Lucas 7,22).

Mas, quando fizeres convite, chama os pobres, aleijados, mancos e cegos (Lucas 14,13).

"Por que não se vendeu este unguento por trezentos dinheiros e não se deu aos pobres?" Ora, ele disse isto, não pelo cuidado que tivesse dos pobres, mas porque era ladrão e tinha a bolsa, e tirava o que ali se lançava (João 12,5-6).

Porque, como Judas tinha a bolsa, pensavam alguns que Jesus lhe tinha dito: "Compra o que nos é necessário para a festa"; ou que desse alguma coisa aos pobres (João 13,29).

Porque pareceu bem à Macedônia e à Acaia fazerem uma coleta para os pobres dentre os santos que estão em Jerusalém (Romanos 15,26).

E ainda que distribuísse toda a minha fortuna para sustento dos pobres, e ainda que entregasse o meu corpo para ser queimado, e não tivesse amor, nada disso me aproveitaria (1 Coríntios 13,3).

Ouvi, meus amados irmãos: Porventura não escolheu Deus aos pobres deste mundo para serem ricos na fé, e herdeiros do reino que prometeu aos que o amam? (Tiago 2,5).

Mas vós desonrastes o pobre. Porventura não vos oprimem os ricos, e não vos arrastam aos tribunais? (Tiago 2,6).

Eia, pois, agora vós, ricos, chorai e pranteai por vossas misérias que sobre vós hão de vir (Tiago 5,1).

E, então, Jesus e os apóstolos pregavam política ou não? Defendiam os pobres ou não? Exigiram que os ricos ajudassem os pobres ou não? Queriam uma nação justa que cuidasse dos mais pobres ou não?

Nem por isso eram comunistas ou socialistas: eram cristãos!

Profetas sempre acertam?

Leia no Êxodo o que alguns patriarcas fizeram. Acertaram Sempre? Abraão, Isaque, Jacó. Acertaram sempre na educação dos filhos? Moisés sempre acertou? Leia Juízes e o que alguns líderes e profetas fizeram. Aceitaram massacres e até os ordenaram.

Leia os livros dos Reis. Leia o que o profeta Elias fez com os profetas de outra religião, depois de tê-los derrotado. Leia o que Oseias fez. Eram profetas! Acertaram em todas as decisões? O que Jesus diria sobre aqueles comportamentos? Há profetas e pregadores de hoje que também erram. Como e por que erram?

E disse-lhes: "Assim diz o SENHOR Deus de Israel: Cada um ponha a sua espada sobre a sua coxa; e passai e tornai pelo arraial de porta em porta, e mate cada um a seu irmão, e cada um a seu amigo, e cada um a seu vizinho".

E os filhos de Levi fizeram conforme a palavra de Moisés; e caíram do povo aquele dia uns três mil homens (Êxodo 32,27-28).

Então disse Elias ao povo: "Só eu fiquei por profeta do SENHOR, e os profetas de Baal são quatrocentos e cinquenta homens" (1 Reis 18,22).

E Elias lhes disse: "Lançai mão dos profetas de Baal, que nenhum deles escape". E lançaram mão deles; e Elias os fez descer ao ribeiro de Quison, e ali os matou (1 Reis 18,40).

O princípio da palavra do SENHOR por meio de Oseias. Disse, pois, o SENHOR a Oseias: "Vai, toma uma mulher de prostituições, e filhos de prostituição; porque a terra certamente se prostitui, desviando-se do SENHOR".

Foi, pois, e tomou a Gômer, filha de Diblaim, e ela concebeu, e lhe deu um filho (Oseias 1,2-3).

Você imagina Jesus dizendo e fazendo estas barbaridades? É por isso que Jesus disse que ele dava aos discípulos um novo mandamento. E é por isso que estamos no Novo e não no Antigo Testamento.

"Um novo mandamento vos dou: Que vos ameis uns aos outros; como eu vos amei a vós, que também vós uns aos outros vos ameis. Nisto todos conhecerão que sois meus discípulos, se vos amardes uns aos outros" (João 13,34-35).

Eu, porém, vos digo: Amai a vossos inimigos, bendizei os que vos maldizem, fazei bem aos que vos odeiam, e orai pelos que vos maltratam e vos perseguem; para que sejais filhos do vosso Pai que está nos céus (Mateus 5,44).

Se, porém, não perdoardes aos homens as suas ofensas, também vosso Pai vos não perdoará as vossas ofensas (Mateus 6,15).

Assim vos fará, também, meu Pai celestial, se do coração não perdoardes, cada um a seu irmão, as suas ofensas (Mateus 18,35).

Infelizmente, na era de confronto em que vivemos há católicos radicais que estão longe dessa profecia. Querem vencer a todo custo e ignoram a ação do Espírito Santo. Não aceitam e não ensinam a doutrina do amar até os inimigos. E são capazes de enfrentar bispos e papas para salvar seu conceito de doutrina católica. Não entenderam a cruz na qual Jesus foi torturado, morto e na qual perdeu por alguns momentos.

Com isso não entendem a doutrina da ressurreição e a mística do perdão! São católicos e evangélicos beligerantes. Estão longe de ser mansos de coração. Ressuscitaram *o olho por olho e dente por dente!* (Mt 5,48).

Ânsia de profetizar

Marque isso! Uma coisa é entrar para um movimento de oração e comunidade fraterna; outra coisa é profetizar ou sentir a ânsia de profetizar. Deus, que tudo vê, tudo rege, pode não chamar você para profetizar do jeito que você quer.

O bom Deus pode não lhe falar nada, nem lhe enviar sonhos ou revelações. O bom Deus pode não jogar luzes sobre você por muito tempo. Mesmo assim você será discípulo de Jesus.

Deus pode não lhe dar o dom da cura, da profecia ou outros dons, e mesmo assim você pode ser escolhido. Se for caridoso e cuidar dos pobres, sua missão estará de bom tamanho.

Apressadinhos do Senhor...

Por isso, os apressadinhos do Senhor, que viram outros curando, profetizando e expulsando demônios e sonham com estes dons para si, é bom que se aconselhem com sacerdotes e catequistas experimentados. Deus pode não lhe dar tais dons e mesmo assim você será um missionário. Cuidar de pessoas debaixo de um viaduto e providenciar comida para elas pode ser uma missão maior do que falar de um microfone e profetizar diante da multidão ou de uma emissora de TV. Se você não entende isso, não terá entendido a fé católica!...

Medo de profetizar

Você pode ser chamado a profetizar no sofrimento ou no conflito. Houve um tiroteio ou uma enchente. E sua missão é ali bem perto. Você pode fugir ou trancar-se na sua comunidade, ou ir lá cuidar das vítimas. Aí, então, você saberá se é um servo do Senhor ou apenas um orador simpático que não quer ficar de nenhum lado.

Se conseguir ajudar soldados e povo e bandidos, todos eles sangrando na porta da sua igreja, como leigo ou padre, você será profeta. Se fugir disso, vai saber que evangelho andou pregando. Isso serve para mim e para você e para qualquer um que aspira a ser profeta! Profecia é serviço que não se vive só com adivinhações ou preces bonitas ou com proclamações. Ou você arrisca, ou naquele dia deixou de ser profeta de Jesus. Às vezes, o martírio está próximo. Foi o caso de Dom Romero, de El Salvador, e da Irmã Dorothy, missionária no Brasil. Sabiam que morreriam e não expuseram os outros. Jesus também fez isso. Não expôs os outros. Morreu sozinho. Também Martin Luther King sabia que poderia morrer. Todos eles enfrentaram a morte sem serem violentos e sem exporem os outros.

PROFETAS E PEDAGOGOS

Jesus era pedagogo. Paulo também era. Agostinho também foi. Tomás de Aquino foi muito bom em ensinar a pensar. Assim é a maioria dos profetas e catequistas da nossa Igreja. São milhares os católicos cultos que ensinaram a pensar a vida e a fé.

Os santos em geral ensinaram com sua vida. No calendário dos santos católicos passa de dois mil o número de beatos ou santos cuja vida serve de inspiração para nós que ainda estamos vivos.

Santos e pedagogos. No projeto de declarar como servo ou serva de Deus, como beato ou beata alguém que viveu para Deus e para os outros, uma das exigências da Igreja é a sua pedagogia: ensinou o quê com sua vida?

A Igreja investiga a vida passada de um candidato ou de uma candidata. Se souber que há um grave impedimento que foi escondido na sua biografia, ela ordena que se pare imediatamente aquele projeto.

Para a Igreja, **profecia e pedagogia andam juntas.** Profetas que mancharam seu nome com violência e derramamento de sangue não são invocados por nós como santos do Novo Testamento. Praticaram o que Jesus jamais apoiaria.

Quem foi violento não serve com exemplo. Já ouviu falar de São Moisés, São Davi, São Salomão, Santo Elias? Provavelmente não. Tinham seus valores, mas na Bíblia contam-se os seus méritos e seus exageros. Eram do Antigo Testamento e apoiaram a violência.

A pedagogia do Novo Testamento é a do perdão e do diálogo. Quem não quis dialogar e apoiou a violência, não pode ser chamado de santo!

Profetas que confrontam

Confrontar pode ser profecia e pode não ser. Depende da caridade que se usa no confronto! Jesus confrontou. Paulo confrontou. Muitos papas confrontaram imperadores e reis. Bispos confrontaram poderosos. Santos confrontaram ditadores. Muitos santos morreram por confrontar autoridades poderosas.

Há um tipo de confronto que nasce da verdade e da justiça. Há outro tipo que nasce da teimosia, da dureza de coração, do fanatismo, e está longe de ser confronto de justiça e de caridade.

Conheci bispos, padres e leigos que confrontaram a Igreja Católica, depois do Concílio Vaticano II, ou porque o papa foi avançado demais ou porque foi conservador demais. O critério nem sempre foi a tradição ou a teologia. Em muitos casos, foi teimosia. Eles jogaram seus devotos e fiéis contra bispos e papas porque João XXIII, Paulo VI, João Paulo II ou Bento XVI ou o Papa Francisco disseram ou permitiram algo que desaprovavam.

A alguns deles perguntei as razões do confronto. Quase sempre eram de esquerda, de direita ou eram tradicionalistas. E sobrou para mim, pela ousadia de questioná-los. Podiam questionar o papa e o cardeal, mas não gostaram de ser questionados. Mas para mim isso foi o suficiente para saber qual era a pedagogia do púlpito deles, que não combinava com a pedagogia do púlpito do papa e dos bispos.

Eram católicos que queriam determinar os rumos da Igreja, à qual juraram obedecer. Não me admira terem deixado a Igreja ou o ministério. Não havia mais consonância com as autoridades constituídas. Optaram por suas ideias e não pelas ideias da Igreja do seu tempo.

PATRIARCAS, PROFETAS E PECADORES

Houve patriarcas, profetas e reis que pecaram gravemente. Desviaram-se dos seus projetos e se entregaram a paixões nada dignas. O mesmo aconteceu com famílias e descendentes. A Bíblia registrou tudo isso. Não mentiu sobre os seus modelos de santos. Não eram tão santos quanto pareciam. Mas, apesar de seus pecados, deixaram coisas boas.

As filhas de Ló, os filhos de Isaque, os filhos de Jacó, a esposa de Isaque, e outros mentiram para atingir seus objetivos. Erraram nisso!

Muitos missionários e missionárias tiveram que interromper sua missão porque queriam ser santos, mas eram homens e mulheres. E no decurso da pregação, perderam o controle sobre seus sentimentos. As histórias não foram edificantes. Fizeram filhos indesejados.

ONGs, movimentos de espiritualidade, voluntários juntos aos pobres, tinham jurado ser educadores, irmãos dos pobres, viver pelos outros. Mas amaram alguém ou precisaram de alguém e na solidão perderam o prumo e o rumo.

Patriarcas e profetas viveram histórias escabrosas que a Bíblia registra. E estão lá para nossa reflexão. O mesmo pode acontecer com pregadores, pregadoras e profetas. Baixaram a guarda e o pecado os dominou.

Católicos, evangélicos e pentecostais têm histórias dolorosas a contar sobre terem ido anunciar Jesus e voltar carregando o fruto de seu desvio.

Deixaram seus países para anunciar Jesus na Ásia, na África, na América Latina, nos Estados Unidos ou na Europa. Mas, anos depois, houve mudanças no seu coração. A missão pesou. A solidão pesou. E voltaram para seus países para amar alguém ou com alguém que amaram lá longe. E houve enfermidades e situações de conflito.

O ideal tornou-se diferente da nova realidade. Conheci muitos deles e delas. E não me atrevo a julgar, porque não passei pelo que eles passaram. O que sei é que alguns estão com 60 ou 80 anos e concederam mais de vinte ou trinta anos de sua vida para a missão, mas o coração se orientou para o amor de uma pessoa. Agora servem a Deus em outra situação.

Deixaram de ser profetas? Alguns, sim, porque perderam a fé em Deus ou em Jesus. Mas outros conservam a mesma fé em Deus, em Jesus e na Igreja, só não lhes foi possível renunciar a um amor que apareceu. Mudaram de estado civil, mas não de fé e nem de Igreja. E onde estão, ajudam muita gente, agora não mais com padres, freis ou freiras. Atuam como leigos, como antigamente foram.

Merecem o nome de pecadores? A maioria certamente que não. Alguns sim, porque, revoltados, decidiram agredir a nossa Igreja, não admitindo que optaram por um partido, por uma ideologia acima da Igreja. Trocaram a Bíblia e os documentos da Igreja pela cartilha do partido. Estes, sim, foram infiéis à Igreja, embora jurem nunca terem sido infiéis ao Evangelho e aos pobres. Mas assim como eles contestam nossa Igreja, temos também o direito de contestá-los. Optaram pela política e não pela fé.

Corrigem-se enquanto corrigem

Esta deveria ser a atitude de todo catequista ou profeta. Começar por si e depois tentar explicar ou corrigir seus companheiros. Paulo fez isso. Admitiu que errara no passado e tinha muito que corrigir em si mesmo.

> Porque eu sou o menor dos apóstolos, que não sou digno de ser chamado apóstolo, pois que persegui a Igreja de Deus (1 Coríntios 15,9).
>
> De maneira que agora já não sou eu que faço isto, mas o pecado que habita em mim (Romanos 7,17).
>
> Porque eu sei que em mim, isto é, na minha carne, não habita bem algum; e com efeito o querer está em mim, mas não consigo realizar o bem (Romanos 7,18).
>
> A mim, que dantes fui blasfemo, e perseguidor, e injurioso; mas alcancei misericórdia, porque o fiz ignorantemente, na incredulidade (1 Timóteo 1,13).

Paulo podia corrigir quem errou porque ele aceitou ser corrigido.

Profetas populares

Existem pregadores populares que não são profetas. Existem pregadores pouco populares que, contudo, são profetas. O fato de ser famoso ou popular não faz do profeta um pregador da fé.

O fato de não ser popular, mas se pautar na verdade reconhecida pela nossa Igreja, faz do pregador um profeta atual.

Quem busca a popularidade para evangelizar mais pessoas pode estar certíssimo. Quem visa à fama e ao dinheiro, e para isso omite passagens e evita atitudes que o fariam menos aceito pelo público, está longe de ser profeta.

Deles disseram Jeremias e Jesus:

E disse-me o SENHOR: "Os profetas profetizam falsamente no meu nome; nunca os enviei, nem lhes dei ordem, nem lhes falei"; visão falsa, e adivinhação, e vaidade, e o engano do seu coração é o que eles vos profetizam" (Jeremias 14,14).

Então disseram: "Vinde, e maquinemos projetos contra Jeremias; porque não perecerá a lei do sacerdote, nem o conselho do sábio, nem a palavra do profeta; vinde e firamo-lo com a língua, e não atendamos a nenhuma das suas palavras" (Jeremias 18,18).

"Os profetas que houve antes de mim e antes de ti, desde a antiguidade, profetizaram contra muitas terras, e contra grandes reinos, acerca de guerra, e de mal, e de peste" (Jeremias 28,8).

Mas, quando vier isto (eis que está para vir), então saberão que houve no meio deles um profeta (Ezequiel 33,33).

Assim diz o SENHOR acerca dos profetas que fazem errar o meu povo, que mordem com os seus dentes, e clamam paz; mas contra aquele que nada lhes dá na boca preparam guerra (Miqueias 3,5).

"Acautelai-vos, porém, dos falsos profetas, que vêm até vós vestidos como ovelhas, mas, interiormente, são lobos devoradores" (Mateus 7,15).

Profetas sem popularidade

Alguns profetas não eram populares. Jesus e João Batista foram populares. Mas mesmo assim foram mortos porque os poderosos do seu tempo eram mais fortes do que o povo.

Isaías, Jeremias, Amós, Oseias e outros profetas não eram muito populares, mas chamavam a atenção dos ricos e poderosos e dos pequenos, enfim dos que não levavam a sério o destino de Israel.

Na narrativa do dilúvio, o personagem Noé foi ridicularizado pelo povo até que o dilúvio aconteceu. Nos dias de hoje há profetas sérios que são ridicularizados porque alertam o povo contra certos comportamentos imorais difundidos na mídia, nas artes e na política. Acham que todos os profetas são doidos ou imbecis.

Mas os mais sensatos e sérios sofrem com isso, porque sabem no que vai dar o comportamento de todo um povo. Mas o povo prefere acreditar nos que preveem um futuro brilhante para sua nação, sob os cuidados de ladrões e corruptos. Leiam o profeta Amós. Judá achava que o doido era Amós, quando ele denunciava as loucuras dos políticos. Deu no que deu. Quando os inimigos chegaram, Judá estava desarmada e incapaz de se defender.

FAMA E SUCESSO NEM SEMPRE SÃO PROFECIAS

Se você é um pregador e se converteu na juventude e agora, mais maduro, anuncia Jesus, já deve ter lido e ouvido que fama e sucesso não servem como prova de que você foi chamado a profetizar.

A conclusão é simples: fama e sucesso nem sempre são chamados de Deus e nem sempre são sinais de sabedoria e luzes do céu. Aplausos e milhares de seguidores nos estádios ou nas redes sociais não são o mesmo que vontade de Deus, nem chamado do Espírito Santo. Com um bom planejamento, um bom marketing e muita habilidade com as palavras é possível chegar às luzes de um palco ou de um estúdio de televisão. A mídia corre atrás de bons comunicadores que entretenham o povo ou prendam os espectadores. Costumam dar lucro para o canal.

Mas, se você está procurando profecia cristã, estude a Bíblia, os documentos da nossa Igreja e as palavras dos papas que tentaram atualizar a pregação da nossa Igreja.

Escolha bons modelos. Se você se guia por alguns padres e só por alguns pregadores e raramente lê o que dizem os bispos e o papa, age como o sujeito que vai à feira e só busca as frutas de que gosta e não as mais saudáveis... Ou que só aceita um tipo de sopa e despreza outros alimentos substanciais. Ouvir os pregadores de quem gostamos não é ouvir o papa ou os bispos do nosso país. A Igreja está espalhada entre muitas dioceses exatamente porque a Igreja local ou regional tem algo a nos dizer.

Seus gurus preferidos! Se você insiste na pregação daquele cardeal norte-americano ou daquele cardeal africano, ignorando os nossos bispos, algo está errado não com a Igreja, mas com você!

Profecia, conforto e dinheiro

A Igreja Católica já conheceu cardeais e bispos que viveram como príncipes. E não foi bom para nossa Igreja. As igrejas pentecostais, cujos fundadores têm aviões, fazendas e vivem na riqueza, já começam a perceber que isso não é bom para suas igrejas. Destoa do que Jesus e os apóstolos viveram e ensinaram.

Profecia, conforto e dinheiro não combinam com espiritualidade. Nem com evangelização.

"O Espírito do Senhor é sobre mim, pois que me ungiu para evangelizar os pobres. Enviou-me a curar os quebrantados do coração" (Lucas 4,18).

Os cegos veem, e os coxos andam; os leprosos são limpos, e os surdos ouvem; os mortos são ressuscitados, e aos pobres é anunciado o Evangelho (Mateus 11,5).

E quando Jesus ouviu isto, disse-lhe: "Ainda te falta uma coisa; vende tudo quanto tens, reparte-o pelos pobres, e terás um tesouro no céu; vem, e segue-me" (Lucas 18,22).

"Mas ai de vós, ricos! Porque já tendes a vossa consolação" (Lucas 6,24).

Manda aos ricos deste mundo que não sejam altivos, nem ponham a esperança na incerteza das riquezas, mas em Deus, que abundantemente nos dá todas as coisas para delas gozarmos (1 Timóteo 6,17).

Mas vós desonrastes o pobre. Porventura não vos oprimem os ricos, e não vos arrastam aos tribunais? (Tiago 2,6).

Eia, pois, agora vós, ricos, chorai e pranteai, por vossas misérias, que sobre vós hão de vir (Tiago 5,1).

E o que foi semeado entre espinhos é o que ouve a palavra, mas os cuidados deste mundo, e a sedução das riquezas sufocam a palavra, e fica infrutífera (Mateus 13,22).

Então Jesus, olhando em redor, disse aos seus discípulos: "Quão dificilmente entrarão no reino de Deus os que têm riquezas!" (Marcos 10,23).

E eu vos digo: "Granjeai amigos com as riquezas da injustiça; para que, quando estas vos faltarem, vos recebam eles nos tabernáculos eternos" (Lucas 16,9).

As vossas riquezas estão apodrecidas, e as vossas vestes estão comidas de traça (Tiago 5,2).

É ou não é pecado ser rico? O pecado está na maneira como os ricos enriqueceram, ou na maneira como gerenciam sua riqueza. Assim também o pecado está na acomodação do pobre que decide viver do auxílio do governo ou dos outros, e passa os dias na ociosidade, fugindo do trabalho. Jesus já falou sobre isso.

Quem converte sua riqueza em oportunidade de trabalho para outros cristãos e cidadãos e quem já tem o suficiente e multiplica suas obras em favor de quem mais precisa será um bom rico.

Jesus soube valorizar os bons ricos, orientar os maus ricos, orientar os bons pobres e os maus pobres. Suas parábolas falam de ricos e pobres que souberam o que fazer com sua riqueza e com sua pobreza. Mas a responsabilidade está mais com os mais afortunados. Aos pobres, Jesus pede que não invejem os outros e lutem para usar bem os seus talentos, ainda que pequenos.

E Jesus é duro com os preguiçosos e coitadinhos que não se esforçam por ser alguém.

Então aproximou-se o que recebera cinco talentos, e trouxe-lhe outros cinco talentos, dizendo: "Senhor, entregaste-me cinco talentos; eis aqui outros cinco talentos que granjeei com eles".

Disse-lhe o seu senhor: "Bem está, bom e fiel servo. Sobre o pouco foste fiel, sobre muito te colocarei; entra no gozo do teu senhor".

Mas, chegando também o que recebera um talento, disse: "Senhor, eu conhecia-te, que és um homem duro, que ceifas onde não semeaste e ajuntas onde não espalhaste. E, atemorizado, escondi na terra o teu talento; aqui tens o que é teu".

Respondendo, porém, o seu senhor, disse-lhe: "Mau e negligente servo; sabias que ceifo onde não semeei e ajunto onde não espalhei? Devias então ter dado o meu dinheiro aos banqueiros e, quando eu viesse, receberia o meu com os juros. Tirai-lhe, pois, o talento, e dai-o ao que tem os dez talentos. Porque a qualquer que tiver será dado, e terá em abundância; mas ao que não tiver até o que tem ser-lhe-á tirado. Lançai, pois, o servo inútil nas trevas exteriores; ali haverá pranto e ranger de dentes" (Mateus 25,20-30).

ELIAS ERROU GRAVEMENTE

Voltemos a falar de Elias. Ele certamente foi um grande profeta. Seus feitos foram celebrados em todo o Israel. Segundo alguns autores, foi um dos grandes profetas que marcaram o povo de Israel. Que tenha sido um grande profeta não há como negar.

Mas se devemos dar crédito ao que se lê na Bíblia...

Então disse Elias ao povo: "Só eu fiquei por profeta do SENHOR, e os profetas de Baal são quatrocentos e cinquenta homens" (1 Reis 18,22).

E sucedeu que ao meio-dia Elias zombava deles e dizia: "Clamai em altas vozes, porque ele é um deus; pode ser que esteja falando, ou que tenha alguma coisa que fazer, ou que intente alguma viagem; talvez esteja dormindo, e despertará" (1 Reis 18,27).

Então caiu fogo do SENHOR, e consumiu o holocausto, e a lenha, e as pedras, e o pó, e ainda lambeu a água que estava no rego.

O que vendo todo o povo, caíram sobre os seus rostos, e disseram: "Só o SENHOR é Deus! Só o SENHOR é Deus!"

E Elias lhes disse: "Lançai mão dos profetas de Baal, que nenhum deles escape". E lançaram mão deles; e Elias os fez descer ao ribeiro de Quison, e ali os matou (1 Reis 18,38-40).

O profeta passou dos limites e interpretou que Deus, que o povo acreditava ser Javé, aprovaria o assassinato de sacerdotes de outra religião. O profeta já tinha vencido, Deus lhe concedera o milagre, ele tinha provado que Baal era um deus fictício. Mas o profeta quis sangue.

Não é atitude de profeta. E Deus não deixou de corrigir seus profetas.

E era o homem Moisés muito manso, mais do que todos os homens que havia sobre a terra (Números 12,3).

Nem tanto porque ele mandou matar três mil idólatras (cf. Êxodo 32,25-29).

Também o SENHOR se indignou contra mim por causa de vós, dizendo: "Também tu lá não entrarás" (Deuteronômio 1,37).

"Nenhum dos homens desta maligna geração verá esta boa terra que jurei dar a vossos pais.

Salvo Calebe, filho de Jefoné; ele a verá, e a terra que pisou darei a ele e a seus filhos; porquanto perseverou em seguir ao SENHOR".

Também o SENHOR se indignou contra mim por causa de vós, dizendo: "Também tu lá não entrarás.

Josué, filho de Num, que está diante de ti, ele ali entrará; fortalece-o, porque ele a fará herdar a Israel" (Deuteronômio 1,35-38).

Houve punição também para Moisés quando passou do limite.

Depois disse o SENHOR a Moisés: "Sobe a este monte de Abarim, e vê a terra que tenho dado aos filhos de Israel" (Números 27,12).

Então subiu Moisés das campinas de Moabe ao monte Nebo, ao cume de Pisga, que está em frente a Jericó, e o SENHOR mostrou-lhe toda a terra desde Gileade até Dã (Deuteronômio 34,1).

Assim morreu ali Moisés, servo do SENHOR, na terra de Moabe, conforme a palavra do SENHOR (Deuteronômio 34,5).

Jesus corrigia seus discípulos.

E chegou a Cafarnaum e, entrando em casa, perguntou-lhes: "Que estáveis vós discutindo pelo caminho?" (Marcos 9,33).

Mas não sereis vós assim; antes o maior entre vós seja como o menor; e quem governa como quem serve (Lucas 22,26).

E ele diz-lhe: "Que queres?". Ela respondeu: "Dize que estes meus dois filhos se assentem, um à tua direita e outro à tua esquerda, no teu reino". E diz-lhes ele: "Na verdade bebereis o meu cálice e sereis batizados com o batismo com que eu sou batizado, mas o assentar-se à minha direita ou à minha esquerda não me pertence dá-lo, mas é para aqueles para quem meu Pai o tem preparado" (Mateus 20,21.23).

Mas Jesus disse a Pedro: "Põe a tua espada na bainha; não beberei eu o cálice que o Pai me deu?" (João 18,11).

O PROFETA NEM SEMPRE É AMADO

Não é que o profeta deva ser macambúzio ou irado. Alguns foram, outros foram estranhos pelo que fizeram ou disseram, mas houve profetas amados. Davi era amado, mesmo depois do que fez contra seu general, cuja mulher ele engravidou, colocando-o em situação de morte. Um gravíssimo pecado, mas o povo mesmo assim o amou.

Profeta bem-educado! O ideal é que o profeta não seja um mal-educado nem um brutamontes. Seja pessoa de diálogo. Mas, se tiver de dizer a verdade, que saiba dizê-la. Não é profeta quem só diz coisas suaves e parece ter acordado de um longo sono sem saber de nenhuma das dores do seu povo. Não é possível profetizar jogando rosas e confetes a seus ouvintes...

CUIDADO COM OS PROFETAS ALIENADOS

Reza uma lenda medieval, contada de muitas maneiras, que um monge acordou querendo ser santo em pouco tempo. Ouvira falar de outro monge, chamado Simão Estilita, que passou a vida sobre uma pilastra adorando o Senhor. Seria um modelo de oração contemplativa.

O dito monge também quis imitá-lo, mas parece que não lhe contaram que o monge estilita só ficava por algum período naquela posição. No resto do tempo ele tinha uma vida normal de monge.

No caso do monge radical, ele fincou-se numa coluna em adoração total, olhando para o céu e contemplando as alturas, onde ele achava que Deus está. Não lhe contaram ou ele não foi à aula onde se ensinava que Deus está em toda parte, E assim, o monge radical, que achava que aquilo era profecia, em doze dias morreu de torcicolo!...

Moral da história: contemplar não é apenas olhar para o céu. Também é preciso olhar para os irmãos que sorriem, choram e sofrem e pedem nossa atenção fraterna!

Profetas agressivos ou bonzinhos

Pregadores ou profetas agressivos não servem a Deus. Também os bonzinhos demais não servem. Alguns porque afastam o povo e outros porque são grudentos e visam apenas ao próprio proveito. Servir sempre sopa rala, só doces e chocolates, só pão de ló não é alimentar os filhos. Servir apenas pimenta e jiló também não é servir o certo.

O corpo humano precisa de doce e de sal e de outros ingredientes na sua devida dose. As mães sabem porque as avós as ensinaram. E na vida espiritual ninguém pode viver apenas de pregar beatitudes.

Somos todos um pouco como Isaías, Jeremias, João Batista e Paulo. Tendo que falar, a gente fala. Só não podemos ser como os profetas bonzinhos, aos quais Jeremias se referiu em Isaías 29,13, Jeremias 14,14, e Jesus em Mateus 24,24.

E disse-me o SENHOR: "Os profetas profetizam falsamente no meu nome; nunca os enviei, nem lhes dei ordem, nem lhes falei; visão falsa, e adivinhação, e vaidade, e o engano do seu coração é o que eles vos profetizam" (Jeremias 14,14).

"Porque surgirão falsos cristos e falsos profetas, e farão tão grandes sinais e prodígios que, se possível fora, enganariam até os escolhidos. Eis que eu vo-lo tenho predito. Portanto, se vos disserem: Eis que ele está no deserto, não saiais. Eis que ele está no interior da casa; não acrediteis" (Mateus, 24-24).

Porque o Senhor disse: "Pois que este povo se aproxima de mim, e com a sua boca, e com os seus lábios me honra, mas o seu coração se afasta para longe de mim e o seu temor para comigo consiste só em mandamentos de homens, em que foi instruído" (Isaías 29,13).

Ezequiel fala de lábios paroleiros (Ezequiel 36,3). Falam bonito, mas não dizem a verdade. Agradam, mas não ensinam o que se deve ensinar.

Deixe-me deixar de ser profeta

Chegou o momento em que, não aguentando a missão de profetizar, Jeremias pediu arrego. Para mim, chega! Não sei profetizar, não acerto quase nada do que digo. Sou agredido por causa de tudo o que falo. Deus, eu não quero mais profetizar...

Foi mais ou menos isso o que Jeremias disse. E eis o que Jeremias ouviu!

Assim veio a mim a palavra do SENHOR, dizendo: "Antes que te formasse no ventre te conheci, e antes que saísses do ventre, te santifiquei; às nações te dei por profeta".

Então disse eu: "Ah, Senhor DEUS! Eis que não sei falar; porque ainda sou um menino".

Mas o SENHOR me disse: "Não digas: 'Eu sou um menino'; porque a todos a quem eu te enviar, irás; e tudo quanto te mandar, falarás. Não temas diante deles; porque estou contigo para te livrar, diz o SENHOR". E estendeu o SENHOR a sua mão, e tocou-me na boca; e disse-me o SENHOR: "Eis que ponho as minhas palavras na tua boca" (Jeremias 1,4-9).

O mesmo disse Deus a Moisés e a outros profetas.

"Vai, pois, agora, e eu estarei com a tua boca e te ensinarei o que hás de falar" (Êxodo 4,12).

Por isso Eli disse a Samuel: "Vai deitar-te e há de ser que, se te chamar, dirás: 'Fala, SENHOR, porque o teu servo ouve'". Então Samuel foi e se deitou no seu lugar (1 Samuel 3,9).

"Eia, pois, vai aos do cativeiro, aos filhos do teu povo, e lhes falarás e lhes dirás: Assim diz o Senhor DEUS, quer ouçam, quer deixem de ouvir" (Ezequiel 3,11).

E Jesus disse sobre Paulo.

E, caindo em terra, ouviu uma voz que lhe dizia: "Saulo, Saulo, por que me persegues?" (Atos 9,4).

Disse-lhe, porém, o Senhor: "Vai, porque este é para mim um vaso escolhido, para levar o meu nome diante dos gentios, e dos reis e dos filhos de Israel" (Atos 9,15).

E, quando Saulo chegou a Jerusalém, procurava ajuntar-se aos discípulos, mas todos o temiam, não crendo que fosse discípulo (Atos 9,26).

Não somos nós que escolhemos ser profetas. Se a escolha for nossa, será pífia! Quem chama é Jesus e quem envia é ele. Se nos enviarmos, certamente nos desviaremos em poucos anos. E quem começa a profetizar o que acha que deve dizer, por medo de perder sua popularidade, vai perdê--la mais cedo ou mais tarde e sem as bênçãos do céu.

E diz-lhes ele: "Na verdade bebereis o meu cálice e sereis batizados com o batismo com que eu sou batizado, mas o assentar-se à minha direita ou à minha esquerda não me pertence dá-lo, mas é para aqueles para quem meu Pai o tem preparado" (Mateus 20,23).

"Quem vos recebe, a mim me recebe; e quem me recebe a mim, recebe aquele que me enviou" (Mateus 10,40).

"Qualquer que receber um destes meninos em meu nome, a mim me recebe; e qualquer que a mim me receber, recebe não a mim, mas ao que me enviou" (Marcos 9,37).

"Acautelai-vos, porém, dos falsos profetas, que vêm até vós vestidos como ovelhas, mas, interiormente, são lobos devoradores" (Mateus 7,15).

"E eu lhe mostrarei quanto deve padecer pelo meu nome" (Atos 9,16).

Profeta que vive do bom e do melhor, profeta é que não é.

MANDAI-NOS PROFETAS SENSATOS

Verdadeiros profetas fazem falta para um povo confuso.

Abandonamos teus mandamentos, que deste pelo ministério de teus servos, os profetas, dizendo: "A terra em que entrais para a possuir, terra imunda é pelas imundícias dos povos das terras, pelas suas abominações com que, na sua corrupção, a encheram de uma extremidade à outra" (Esdras 9,10b-11).

E respondeu Amós, dizendo a Amazias: "Eu não sou profeta, nem filho de profeta, mas boiadeiro, e cultivador de sicômoros" (Amós 7,14).

"Vossos pais, onde estão? E os profetas, viverão eles para sempre?" (Zacarias 1,5).

E, se dissermos: "Dos homens, tememos o povo, porque todos consideram João como profeta" (Mateus 21,26).

E a multidão dizia: "Este é Jesus, o profeta de Nazaré da Galileia" (Mateus 21,11).

"Jerusalém, Jerusalém, que matas os profetas, e apedrejas os que te são enviados! Quantas vezes quis eu ajuntar os teus filhos, como a galinha ajunta os seus pintos debaixo das asas, e tu não quiseste!" (Mateus 23,37).

E ele lhe disse: "Também eu sou profeta como tu, e um anjo me falou por ordem do SENHOR, dizendo: 'Faze-o voltar contigo à tua casa, para que coma pão e beba água (porém mentiu-lhe)'" (1 Reis 13,18).

O ancião e o homem de respeito são a cabeça; e o profeta que ensina a falsidade é o rabo (Isaías 9,15).

Que dizem aos videntes: "Não vejais"; e aos profetas: "Não profetizeis para nós o que é reto; dizei-nos coisas aprazíveis, e vede para nós enganos" (Isaías 30,10).

Chegarão os dias da punição, chegarão os dias da retribuição; Israel o saberá; o profeta é um insensato, o homem de espírito é um louco; por causa da abundância da tua iniquidade também haverá grande ódio (Oseias 9,7).

Reis e políticos sem dignidade

Quando reis e políticos perdem a dignidade, desesperados por riquezas ou poder, restam apenas os profetas sérios, que os reis e políticos tentarão matar, porque os verdadeiros profetas são os únicos que não se dobram ao poder ou às vantagens do poder.

Liberta-nos dos maus profetas. Saber quem é bom e quem é mau profeta não é assim tão fácil. Mas a Bíblia, no Antigo e no Novo Testamento, sobretudo nos Evangelhos e nos Atos dos Apóstolos, mostra como distingui-los.

Porque surgirão falsos cristos e falsos profetas, e farão tão grandes sinais e prodígios que, se possível fora, enganariam até os escolhidos (Mateus 24,24).

E também houve entre o povo falsos profetas, como entre vós haverá também falsos doutores, que introduzirão encobertamente heresias de perdição, e negarão o Senhor que os resgatou, trazendo sobre si mesmos repentina perdição (2 Pedro 2,1).

Então disse eu: "Ah! SENHOR Deus, eis que os profetas lhes dizem: 'Não vereis espada, e não tereis fome; antes vos darei paz verdadeira neste lugar'". E disse-me o SENHOR: "Os profetas profetizam falsamente no meu nome; nunca os enviei, nem lhes dei ordem, nem lhes falei; visão falsa, e adivinhação, e vaidade, e o engano do seu coração é o que eles vos profetiza" (Jeremias 14,13).

Tenho ouvido o que dizem aqueles profetas, profetizando mentiras em meu nome, dizendo: "Sonhei, sonhei" (Jeremias 23,25).

Até quando sucederá isso no coração dos profetas que profetizam mentiras, e que só profetizam do engano do seu coração? (Jeremias 23,26).

E não deis ouvidos às palavras dos profetas, que vos falam, dizendo: "Não servireis ao rei de Babilônia; porque vos profetizam mentiras" (Jeremias 27,14).

Pela hipocrisia de homens que falam mentiras, tendo cauterizada a sua própria consciência (1 Timóteo 4,2).

Para os devassos, para os sodomitas, para os roubadores de homens, para os mentirosos, para os perjuros, e para o que for contrário à sã doutrina (1 Timóteo 1,10).

"Conheço as tuas obras, e o teu trabalho, e a tua paciência, e que não podes sofrer os maus; e puseste à prova os que dizem ser apóstolos, e o não são, e tu os achaste mentirosos" (Apocalipse 2,2).

Eli preparou Samuel

O SENHOR, pois, tornou a chamar a Samuel pela terceira vez, e ele se levantou, e foi a Eli, e disse: "Eis-me aqui, porque tu me chamaste". Então entendeu Eli que o SENHOR chamava o jovem. Por isso Eli disse a Samuel: "Vai deitar-te e há de ser que, se te chamar, dirás: 'Fala, SENHOR, porque o teu servo ouve'". Então Samuel foi e se deitou no seu lugar (1 Samuel 3,8-9).

Samuel era filho de Ana e Elcana. Ana queria filhos e até então era estéril. Elcana entendia isso, que era coisa rara entre os hebreus naqueles dias. Elcana, o marido, dizia que Ana não se preocupasse porque ele a amaria de qualquer jeito.

Mas Eli, o sacerdote, percebeu que Ana sofria com isso. E profetizou que Ana traria um filho no colo na próxima vez que ela e Elcana voltassem a orar naquela casa de oração.

Assim aconteceu. Mas Ana não hesitou em deixar o filho aos cuidados do sacerdote Eli, cujos dois filhos eram a vergonha do povo... Eli criou Samuel junto ao templo, preparando-o para ser profeta.

E Samuel tornou-se um dos maiores profetas de Israel. Foi ele quem criou o reino de Israel, não sem antes advertir o povo de que um rei custa muito caro e nem sempre é pessoa justa. Melhor não tê-lo. Mas, como Israel queria porque queria um rei em pouco tempo, conheceu Saul e mais tarde Davi. E Samuel acertou em tudo o que disse.

Presidentes e reis corruptos são a desgraça de um povo.

CANTORES PROFETAS E CANTORES NÃO PROFETAS

Muitas vezes respondi aos repórteres que não me considerava nem cantor, nem profeta. Era e sou um padre pregador de retiros, compositor e escritor que levava e leva os jovens e adultos a cantar a doutrina católica. Sinto-me catequista há mais de cinquenta anos, mas nunca assumi que sou um bom cantor ou um profeta.

Dizem que marquei muita gente com meus escritos, meus livros, minhas canções, minha liderança e meus programas de rádio e de televisão, mas jamais escreveria que fui profeta ou sou um profeta. Compete à Igreja dizer se a mensagem de um pregador tornou-se profecia.

Nem todo profeta é modelo de santidade. E é bom lembrar isso! A Bíblia está repleta de relatos de profetas que eram bons, mas que erraram em algumas decisões. Existe o profeta santo e o profeta que prega bem, mas nem sempre ele é dono de uma biografia à prova de qualquer crítica. A história da Igreja também nos mostra grandes pregadores e teólogos que, contudo, tomaram decisões que a Igreja teve que corrigir com o tempo.

A humildade nos deve levar a perseguir a hombridade e a transparência, mas nem sempre os grandes cantores ou grandes comunicadores conseguiram ser grandes profetas. Ao contrário, santos que não se comunicavam muito bem, não cantavam e não escreviam direito e que eram tímidos ao subir a um púlpito ou a um estrado, tiveram vidas admiráveis. Ser bom como cantor, compositor ou comunicador não é o mesmo que ser um santo. Espera-se muito mais de alguém que recebeu o dom de comunicar por melodias e palavras...

Profetas e mártires

> "Ninguém tem maior amor do que este, de dar alguém a sua vida pelos seus amigos" (João 15,13).

Nossa Igreja teve milhares de mártires. Sabiam que morreriam pelo que disseram e anunciaram, mas não tiveram medo. A maioria deles profetizou. Apostaram suas vidas no que disseram. Respeitemos estes mártires. Quem morre pela fé e pelo seu povo é profeta. Se, porém, pegou em armas e matou, será difícil saber que tipo de mártir ele ou ela foi. Não matarás é um mandamento que define uma vida.

O brutamontes Sansão

> E nunca mais apareceu o anjo do SENHOR a Manoá, nem a sua mulher; então compreendeu Manoá que era o anjo do SENHOR (Juízes 13,21).
>
> Depois teve esta mulher um filho, a quem pôs o nome de Sansão; e o menino cresceu, e o SENHOR o abençoou (Juízes 13,24).

Sansão teve uma vida acidentada. Começou com um chamado para libertar o povo, mas exorbitou, como muitos líderes daquele tempo. Teve todas as chances de ser um bom libertador, mas era violento, caprichoso e, por seu tamanho e força descomunais, quando queria uma coisa era melhor que alguém o atendesse.

E havia um homem de Zorá, da tribo de Dã, cujo nome era Manoá; e sua mulher, sendo estéril, não tinha filhos. E o anjo do Senhor apareceu a esta mulher, e disse-lhe: "Eis que agora és estéril, e nunca tens concebido; porém conceberás, e terás um filho. Agora, pois, guarda-te de beber vinho, ou bebida forte, ou comer coisa imunda.porque eis que tu conceberás e terás um filho sobre cuja cabeça não passará navalha; porquanto o menino será nazireu de Deus desde o ventre; e ele começará a livrar a Israel da mão dos filisteus".

Então a mulher entrou, e falou a seu marido, dizendo: "Um homem de Deus veio a mim, cuja aparência era semelhante de um anjo de Deus, terribilíssima; e não lhe perguntei donde era, nem ele me disse o seu nome" (Juízes 13,2-6).

Leia os episódios do Livro dos Juízes, capítulos 13 a 16, sobre o juiz Sansão, uma de suas mulheres, Dalila, outras mulheres e seus muitos inimigos. De profeta ele tinha quase nada, mas de brutamontes, que assustava, ele tinha quase tudo. Não era um homem probo. Resolvia as coisas pela violência. Acabou matando-se para matar seus inimigos. Já matara muita gente em nome do povo hebreu. Os episódios servem de reflexão para os que fazem o que lhes dá na telha e depois diz que foi Deus quem ordenou. Conheça um exemplo de como não se deve crer em Deus. Os violentos não sabem o que é servir a Deus.

PROFETAS QUE NÃO ORAM

Serve para mim, serve para você, serve para todos nós que dizemos crer em Deus, mas exageramos orando de maneira errada ou de maneira insuficiente. Salomão não orou do jeito certo. Assumiu o louvor à glória de Deus e ignorou o louvor ao Deus da glória. Para ele a luz de Deus tornou-se mais importante do que o Deus da luz.

E Salomão não foi o único. Há milhões de crentes em Deus que adoram muito mais a glória (a luz) que Deus manifesta do que o Deus que se manifesta com sua glória. A luz de Deus ainda não é Deus. A Bíblia diz claramente que a nuvem luminosa era uma manifestação, mas que Deus não era visível. O que brilhava era a luz de Deus, também ela não visível, oculta por uma nuvem. Mas Deus é mais do que aquela nuvem, mais do a luz que brilhava por entre essa nuvem. Deus é mais.

A Moisés, o único Deus que há, interpretado pelos hebreus como Javé, deixou claro que ninguém poderia vê-lo e sobreviver. E disse mais: "Não poderás ver a minha face, porquanto homem nenhum verá a minha face, e viverá" (Êxodo 33,20). Então, Moisés se escondeu atrás de uma rocha para não ficar cego. Vislumbrou, mas não viu nem Javé nem a luz de Javé. Sentiu que ele agia. Só isso!

Orar ao Deus Pai que Jesus revelou é mais do que adorar sua glória (sua luz). É adorar um Pai eterno que é muito mais que o brilho que ele emite. Tomemos cuidado com alguns termos: adorar o Cristo que morreu na cruz não é o mesmo que adorar a cruz de Cristo. Venerar é uma coisa, adorar é outra. Eu não adoro a cruz de Cristo. Venero-a. Mas, como creio que Jesus Cristo é um com o Pai, eu adoro o Cristo que morreu na cruz. Mas não adoro a sua cruz. Respeito-a. A madeira não é adorável, mas também não é execrável como alguns cristãos não católicos afirmam.

Não ridicularizo o anel da minha mãe, mas não adoro nem aquele anel nem minha mãe. Minha mãe não fazia parte do Deus Uno e Trino. Jesus Cristo fez e faz. Sendo o Filho encarnado, ele é digno de minha adoração, mas a cruz na qual ele morreu, independentemente se ainda existe algum pedaço dela, que eu nunca vi, eu a venero. Mas adorar, só o Cristo que faz parte do mistério de Deus Trindade.

É isso que eu valorizo, quando oro ao Deus Uno e Trino.

Profetas que só oram

Um jovem catequista disse numa palestra na televisão que orar já é uma profecia. Só não acrescentou que é uma profecia incompleta. Se eu estivesse presente, catequista que também sou, eu iria procurá-lo e pedir que na próxima pregação corrigisse essa frase.

Você que lê o Novo Testamento já sabe quais os textos em que Jesus e os apóstolos dizem que orar faz parte da profecia cristã, mas não é toda ela.

Pregar na unidade de fé, fazer caridade, promover os pobres, consolar os aflitos, educar para a paz, tudo isso também é profecia necessária. Então, não basta ensinar que orar já é uma profecia. Ensinemos que orar FAZ PARTE da profecia cristã!

Pastoral de Juventude sem ilusões

Já falamos de Eli e Samuel. Quando o sacerdote Eli aceitou educar Samuel, o fruto de Elcana e Ana, esta que finalmente tivera a graça da maternidade, ele sabia o que fazia. Tanto que depois o casal Elcana e Ana tiveram outros filhos.

Ana tinha sido humilhada por Penina, a outra esposa de Elcana, por ser uma mulher imprestável e não abençoada porque não tivera filhos. Mas Elcana, o marido, deixara claro que não seria por isso que ele deixaria de amar Ana. Era uma excelente esposa. Samuel, portanto, foi fruto da graça de Deus a uma esposa que orava.

Haverá jovens que poderão testemunhar que seu nascimento ou sua sobrevivência foram obra de Deus, porque humanamente não teriam nenhuma chance. E há padres e bispos que nasceram na pobreza e jamais teriam conseguido ser os sacerdotes e bispos e cardeais que foram ou são, sem algum sacerdote Eli que apostasse nas suas potencialidades.

Na Pastoral Vocacional ou da Juventude sem ilusões, todos nós somos chamados por Deus e pela Igreja, e todos nós precisamos em algum momento da sabedoria de um sacerdote Eli para nos desenvolvermos. Por isso, quem é ingrato com seus formadores, mais cedo ou mais tarde sentirá o resultado de sua ingratidão. Nunca será um profeta como Samuel!

Quatro mil anos de conflito

Acompanhe a história das religiões e verá que desde que um povo começou a crer num Deus único, ainda que de maneira incompleta, porque a noção de JAVÉ, o Deus único, passou por muitas correções, nunca houve um período sem crises.

É que não é fácil crer no Deus único. É muito mais fácil crer em muitos deuses, porque neste caso o crente pode escolher em qual dos deuses crer. No caso do crente no Deus único, ou ele aprende a conviver com os outros que também se sentem filhos do Único Deus que existe ou será um filho que fere seus irmãos ou os outros que ele considera indignos de viver neste mundo.

E é o que tem acontecido com crentes radicais em todas as religiões. Acham que são mais filhos de Deus que os outros. Sobre isso Jesus foi muito claro: "E não presumais, de vós mesmos, dizendo: 'Temos por pai a Abraão; porque eu vos digo que, mesmo destas pedras, Deus pode suscitar filhos a Abraão'" (Mateus 3,9).

BORBOLETAS E BARATAS TONTAS

Ninguém gosta de ser chamado de borboleta titubeante ou barata tonta. Soa como ofensa. Mas o comportamento de alguns crentes que se imaginam profetas lembra o de baratas que andam no escuro e fogem sem saber para onde, quando alguém acende a luz; ou o de borboletas lindas e vistosas, mas leves demais que não resistem a uma brisa mais forte.

Na catequese da fé cristã quem não é sólido e espiritualmente bem alimentado será fraco na fé.

> Porque, devendo já ser mestres pelo tempo, ainda necessitais de que se vos torne a ensinar quais sejam os primeiros rudimentos das palavras de Deus; e vos haveis feito tais que necessitais de leite, e não de sólido mantimento (Hebreus 5,12).

O imperador contemporizador

Do imperador Marco Aurélio diz a lenda que era um contemporizador. De tanto querer que seu império vivesse em paz, foi leniente demais. Outros imperadores foram duros demais. Mas há muito de lenda na história desse imperador. O certo é que ele era um filósofo e gostava de ouvir os outros e dialogar, coisa que todo líder deve fazer.

De Jesus se diz que foi severo, quando foi preciso, com quem não queria nenhum diálogo e suave e misericordioso com quem queria refletir com ele. Forçar o marido a voltar para a esposa, quando ele decidiu que vai morar com a amante, ou forçar uma esposa a voltar para o marido, quando ela foi morar com o amante mais jovem e mais interessante, seguramente não dará certo. Já decidiram.

Mas contemporizar, agindo como se tudo fosse normal, não é coisa de cristão. Não se agride, mas também não se passa a mão na cabeça. Não há nada de coitadinha na pessoa que optou pelo que gosta e vai embora, deixando a pessoa a quem não ama mais.

Dá-se o mesmo com a vocação cristã e com as promessas feitas a uma Igreja. Não se julga uma pessoa por isso, porque há casos de grande sofrimento, mas também não se trata como coisa de somenos importância. Houve um divórcio. E quem fez isso, sabe por que o fez. E só essa pessoa, se for honesta, sabe por que decidiu romper com algum laço. Com Jesus somos chamados a ponderar e a perseverar.

Não julgueis, para que não sejais julgados (Mateus 7,1).

Por isso prometeu, com juramento, dar-lhe tudo o que pedisse (Mateus 14,7).

Retenhamos firmes a confissão da nossa esperança; porque fiel é o que prometeu (Hebreus 10,23).

"E odiados de todos sereis por causa do meu nome; mas aquele que perseverar até o fim será salvo" (Mateus 10,22).

"E a que caiu em boa terra, esses são os que, ouvindo a palavra, a conservam num coração honesto e bom, e dão fruto com perseverança" (Lucas 8,15).

Alegrai-vos na esperança, sede pacientes na tribulação, perseverai na oração (Romanos 12,12).

Geração solapada e carcomida

"Mas ele lhes respondeu, e disse: Uma geração má e adúltera pede um sinal, porém, não se lhe dará outro sinal senão o do profeta Jonas" (Mateus 12,39).

É possível que uma geração religiosa ou política se deixe carcomer pelo orgulho ou pela ganância. Os profetas Amós e Oseias e Jeremias descreveram isso a respeito de Israel e de Judá. Houve reis e profetas e elites e também pobres que se deixavam levar por qualquer coisa que lhes desse vantagem. Não tinham princípios. Seu deus era o dinheiro.

"Mas os cuidados deste mundo, e os enganos das riquezas e as ambições de outras coisas, entrando, sufocam a palavra, e fica infrutífera" (Marcos 4,19).

"E a minha mão será contra os profetas que veem vaidade e que adivinham mentira; não estarão na congregação do meu povo, nem nos registros da casa de Israel se escreverão, nem entrarão na terra de Israel; e sabereis que eu sou o Senhor DEUS" (Ezequiel 13,9).

A arte de procurar o antigo e o novo

Não caiamos na conversa dos que dizem que profetas buscam o novo. Profetas de verdade não canonizam nem o antigo nem o novo. Ponderam e valorizam o novo e o antigo. O que ficou ultrapassado e não serve mais, deve ser repensado e, se possível, ainda ser aproveitado. O que está avançado demais precisa ser estudado, porque muita gente não consegue andar tão depressa.

Pisar o tempo todo no freio mostra a incapacidade de conduzir um carro. Pisar o tempo todo no acelerador mostra a mesma incapacidade. Dirigir bem supõe a capacidade de frear e acelerar no seu espaço e tempo certo!

A ARTE DE SE CONSERTAR

Era uma vez um pedreiro habilidoso que ganhava muito dinheiro consertando as casas dos outros, mas que nunca reparou nem consertou sua própria casa. Andava com o carro do ano e tirava férias em lugares encantadores. Mas a própria casa ele não consertava. Sua esposa desistira de insistir com ele para que usasse dos recursos que ganhava e de sua habilidade para ajeitar sua casa. Por alguma razão, ele achava que não precisava melhorar a própria habitação.

Um padre amigo, em quem ele confiava, perguntou a ele o porquê desse desleixo. E o pedreiro respondeu com sinceridade: "Cresci numa casa pobre e desleixada e acho que me acostumei a não dar valor para as coisas que tenho".

E o padre arrematou: "Mas a casa não é apenas sua. Sua esposa o ajuda a ter o dinheiro que você põe no banco. Seu desleixo afeta sua esposa e seus três filhos. Eles não falam porque você é durão, mas, se você os deixasse falar, diriam que gostariam de uma casa como as que você constrói para os outros".

Um ano depois ele tinha reformado a casa dele, para a alegria de todos. Ele mesmo admitiu que foi um grande erro pensar apenas em suas necessidades. Melhorou como pai, porque pensou mais na esposa e nos três filhos.

Detalhe: nenhum dos filhos quis presente de Natal. A casa era o presente que mais desejavam.

Renovar e inovar. Desde cedo aprendi que inovar é trazer coisas novas e que renovar é trabalhar com o que já existe e melhorar seu desempenho. Os profetas fizeram isso!

TÃO JOVENS E TÃO ULTRAPASSADOS

Há jovens que se dizem profetas, mas já começam ultrapassados porque apenas repetem o que os velhos profetas lhes impingem. Não pensam suas profecias, nem as meditam. Apenas repetem as frases dos velhos profetas.

Não conseguem ver valor no que é novo. Há jovens que não se proclamam profetas, mas são abertos a novas revelações e novos enfoques da fé, sem abandonar os velhos enfoques. Sabem a diferença entre pregar o velho e o novo da fé. São profetas que pensam!

Jovem com validade expirada

Se você tem uma carteira de trabalho, ou de motorista, ou de músico que expirou, provavelmente vai tentar revalidar. Nenhuma profecia é permanente. Vários profetas profetizaram por algum tempo e depois silenciaram. Não se ouviu mais falar deles. Amós foi um deles. E chegou o dia em que esses profetas pararam de profetizar para o povo. E não foi o povo que decidiu. Deus decidiu!

Por algum tempo. Há muitos pregadores, cantores ou testemunhas que pregaram por algum tempo, mas não se atualizaram. São profetas com validade expirada. Abusaram da mesmice. Não leram o suficiente e trinta anos depois ainda estavam usando os mesmos chavões, quando o mundo inteiro mudou.

Atualizar-se sempre. Talvez não seja o seu caso. Mas, se deixou de ler catequese, teologia, sociologia e história e os documentos da sua Igreja, fixando-se apenas nos cadernos e nos livros e resumos de seu grupo, você talvez esteja com sua validade de profeta em perigo de expirar.

Sobremesas estragadas

A quituteira aproveitou um doce que azedou, mas que não estava estragado, para reaproveitá-lo. Era um doce de mamão verde. Mas a senhora disse que alguns doces não têm como consertar. Azedam irremediavelmente.

Portanto, aprendi com a senhora naquela fazenda que há sobremesas passadas que têm solução e há outras que são sobremesas estragadas. Apodreceram.

Fé estragada. Nos meus sermões e pregações me lembrei disso muitas vezes. Há um tipo de fé estragada que não há como aproveitar. A pessoa não aceita ser corrigida nem refervida. Vai morrer de ranço espiritual. Só o seu jeito de crer é bom. E proclama e pensa que o resto da Igreja é que se estragou...

A arte de catar feijão

Antigamente minha mãe espalhava feijão, milho e arroz sobre a mesa e catava as impurezas. O bagulho era jogado fora. A arte de catar cereais deu saúde a muito colonos. Na vida espiritual, a falta de catar e selecionar o que é bom e jogar fora as impurezas já prejudicou muitos candidatos a profetas ou semeadores. Jesus falou do joio e do trigo e ensinou como espiritualmente se deve tratar o trigo falso e como aproveitar o verdadeiro cereal.

Criteriosos porque aprenderam a escolher

Se você é um discípulo jovem, descubra por que uma das maiores descobertas da juventude é o critério. Isto é: purificar e escolher o que é bom e útil e o que não serve.

Não haveria nem espadas, nem enxadas, nem charruas, nem adagas, nem armas, nem obras de arte, nem nada do que é feito de prata, de chumbo, de ferro, de ouro, se não tivessem passado *pelo crivo, pelo critério, pela crise, pela purificação do metal*. A ganga, a impureza, o que é sobra ou vil metal, deve ser separada. Faz-se o mesmo com a argila.

Concluindo: sabedoria é separar o bom do mal, o útil do inútil.

GERAÇÃO SIM-SIM, NÃO-NÃO

Imagine-se fazendo parte da geração sim-sim, não-não. Geração positiva. Se fosse apenas geração sim-sim, ou apenas geração não-não, não seria uma geração equilibrada. A vida tem sim e não e o equilíbrio entre o sim e o não faz uma pessoa ser mais criteriosa. Saber escolher entre o sim e o não é sinal de amadurecimento. Há pessoas mentalmente enfermas que perderam a capacidade de escolher. E há pessoas malformadas que escolhem o sim-sim ou o não--não por capricho ou pela mania de levar vantagem sobre os outros. Oportunistas pensam em si e não na justiça para com todos.

Foi Jesus quem ensinou isso

Eu não vim chamar os justos, mas, sim, os pecadores, ao arrependimento (Lucas 5,32).

"Mas não sereis vós assim; antes o maior entre vós seja como o menor; e quem governa como quem serve" (Lucas 22,26).

Seja, porém, o vosso falar: Sim, sim; não, não; porque o que passa disto é de procedência maligna (Mateus 5,37).

Amadurecidos à força

Frutos ainda verdes colhidos no pé para madurecerem em estufas ou em outros ambientes perdem alguma coisa, mas não podem ser desprezados. Se fossem colhidos maduros no pé, também se perderiam no transporte ou no armazenamento.

Por isso os especialistas em alimentação sabem como conservar, transportar e calcular o tempo certo de cada fruto.

Adolescentes e jovens também dependem de quando podem deixar a estufa do lar...

Laranjas verdoengas

No meu tempo de menino, íamos a um pomar vizinho, onde a proprietária deixava que colhêssemos laranjas e jabuticabas. Mas havia uma recomendação a que obedecíamos, porque não éramos bobos de não poder voltar ao pomar: um vigiava o outro para que não se colhesse nenhuma laranja verdoenga. Estas deveriam amadurecer no pé.

Mais tarde, já seminaristas e padre, eu dizia o mesmo aos adolescentes e jovens da pastoral. Poupem os menos maduros. Deixem seus colegas mais novos amadurecerem como vocês. Respeitem o tempo de crescimentos de cada idade.

Precisam de tempo. Assim, os líderes sabiam que, como eles também precisaram e ainda precisariam de tempo, seus companheiros de menos idade também precisavam de tempo. Nada de forçá-los...

Na mídia não se respeita a idade *verdoenga*. Mostram qualquer coisa e sugerem qualquer coisa para adolescentes. Lembro uma famosa "tia" que, anos atrás, com máscara no rosto, mostrava-se quase nua, rebolando os glúteos na televisão diante de adolescentes de menos de 16 anos. E nenhum juiz proibiu. Era um tipo de esbórnia 20 anos atrás... Agora, a esbórnia aumentou.

Falar em Pastoral da Juventude e em preparar jovens para a profecia cristã também inclui isso. Isto se chama *psicopedagogia*.

JOVENS AGORA, JÁ

Jovens-agora é uma realidade; jovens-agora-já é outra. Nem todo jovem de agora está pronto para assumir sua missão imediatamente. Sem informação e formação adequada não se joga um jovem na pastoral. Lamento ter que dizer que há formadores fazendo isso. Eles ou elas são chamados a dar testemunhos de vida para motivar outros jovens, quando ainda não estão preparados para revelar sua vida.

Não estavam preparados. Muitas igrejas pentecostais e também alguns movimentos católicos fazem isso. Há muitos adolescentes induzidos a isso. Uma coisa é fazer um teatrinho no qual mostram a realidade dos jovens em geral e outra é pedir a uma adolescente que fale de sua conversão aos 13 anos. Padres, irmãs e catequistas deveriam evitar esse tipo de exposição. Testemunho tem sua hora. E a hora não é nem aos 13 nem aos 20 anos. Não se abre o coração diante da multidão. Para isso há psicólogos, pedagogos e professores. O palco não é lugar para isso!

INCAPAZES DE DIALOGAR

Há políticos, adeptos de movimentos de esquerda ou de direita, seguidores de igrejas radicais que não conseguem nem querem dialogar. Por que fariam isso, se acham que podem chegar ao poder com discursos e posturas de vencedor? Não aceitam alianças nem conversa.

Nas igrejas há pregadores que literalmente desprezam a outra Igreja e o outro pregador. Acham que Jesus os chamou para converter o mundo do jeito deles.

Jesus dialogava, mas eles não dialogam. E chamam de diálogo o ardil de parecerem amigos para conseguir espaço. Mas são desonestos. Querem o poder e se puderem romperão com o partido que os ajudou a se elegerem! De um possível profeta espera-se a honestidade de quem dialoga sempre, até quando discorda do irmão. Mentir não é caminho correto para quem quer ser pregador da Palavra.

Milhares de ideias e poucos ideais

Talvez porque as notícias tornaram-se quase infinitas por conta da internet e pela facilidade de qualquer pessoa escrever diariamente suas opiniões, o mundo de hoje se transformou numa fonte de bilhões de ideias e poucos ideais.

Há uma diferença entre semear ideias e semear ideais. Semear ideias é como enfiar a mão no cérebro e jogar as próprias ideias pelo caminho. Semear ideais é como pegar cada ideia do cérebro, passá-la pelo coração e plantar cuidadosamente em cada terreno, depois de tê-lo preparado para a semeadura.

Isto: semear ideias é uma coisa e plantar ideais é outra coisa!

SEQUESTRADOS PELOS TRAFICANTES

Há milhões de pessoas, entre elas milhões de jovens, sequestradas pelos fabricantes de bebidas e de drogas, que vendem o que sabem que fará mais mal do que bem. Mas vivem do que cultivam e vendem. O negócio é de bilhões de dólares, euros e rublos. Então, eles atraem adolescentes, jovens e adultos que não se controlam e, com a ajuda de filmes e até de canções, criam o comércio e a indústria dos entorpecentes.

Torpes entorpecentes. Não deixa de ser torpe, porque os mais fracos começam a precisar desses entorpecentes e pagam qualquer coisa para ter acesso a esses produtos. Entorpecidos, ou se vendem para ganhar dinheiro ou assaltam e roubam para conseguir o dinheiro que lhes dará acesso à droga ou à bebida, sem a qual não sobrevivem.

Sequestros diários. Há um tipo de sequestro diário de uma madrugada até a outra, no qual a vítima só pensa em resolver seu problema de injetar, beber ou cheirar a droga da qual se tornou refém. Quem deseja ser pregador ou talvez profeta, se for vontade de Deus, precisa saber sobre essa prisão e preparar-se para libertar essas almas e esses corpos.

A pastoral da sobriedade se ocupa disso. Também as Fazendas da Esperança tentam devolver a liberdade e o desejo de viver a essas vítimas, entre as quais há milhares de jovens que pagam altíssimo preço por esse sequestro de almas.

Sequestrados pelos deseducadores

Há educadores e há deseducadores. Educadores educam e deseducadores deseducam. Educadores encaminham, deseducadores desencaminham. Educadores constroem, deseducadores desmontam.

No painel ou mural que é o seu futuro, os educadores ajudam você a pintar o seu amanhã com novas cores e tintas. Os deseducadores querem tirar proveito de você e tentam vender-lhe tintas efêmeras que enfeiam, sujam e perdem as cores em pouco tempo.

Deseducadores mexem com droga, sexo, coisas sensacionais, mentiras e coisas imediatas e fáceis. Educadores mostram que nem tudo é fácil, mas que pode durar por toda uma vida, como a construção de um sólido edifício. Enfim, deseducadores traficam com as bugigangas da vida, vendendo-as como a última novidade. E, às vezes, são mesmo as últimas para você, porque droga e sexo e violência podem ser as últimas coisas da sua jovem vida.

Educadores ajudam a erguer o seu mural. Deseducadores pintam você de alto a baixo, convencendo sua cabeça jovem de que o que você deixou que pintassem em cima de você era para ser feito naquela hora. Mas os pichadores usam o mesmo argumento, só que não pedem licença. Contudo, os deseducadores pedem licença e convencem você de que médicos e outros educadores não entendem nada de painéis... No futuro, se você quiser mudar, nem sempre será possível. Se a pintura forem os tóxicos, sua vida jovem carregará as consequências de uma juventude que tentou de tudo.

Apaixonou-se pelo sujeito errado. A linda menina de dezessete anos que se apaixonou por um traficante doze anos mais velho que ela, ouviu o canto de sereia dele. Fugiu de casa e foi viver entre desmonte de carros e drogas da pesada. Três anos depois, voltou para casa para morrer de Aids, que contraíra dele e de amigos com quem se deitara. Conversou comigo e pediu perdão a toda a família e aos amigos por ter insistido em ignorar os conselhos de pai, mãe, irmãos e amigas. Emprestou o corpo para que o rapaz desenhasse o que quisesse. E ele desenhou a morte aos vinte anos. Ele morreu oito meses depois dela.

Sequestrados pela indústria do sexo

Nunca é demais lembrar que sexo é coisa que Deus criou com detalhes espetaculares. Nunca é demais lembrar que existe uma indústria do sexo que se especializa em sujar o que Deus fez bonito e realizador.

Mas, desde que a humanidade descobriu a fórmula falsificada da falsa entrega de corpo e de alma, o mundo tem conhecido enormes tragédias por conta do mau uso dos órgãos genitais e do encontro entre pessoas e corpos.

As religiões sérias abençoam o sexo como entrega de homem e mulher no sonho de criar e cuidar de vidas. Homem e mulher são protagonistas, às vezes mais ela do que ele, às vezes mais ele do que ela, quase sempre os dois ao mesmo tempo.

Há algo de profundo no feminino e no masculino, na oferta e na aceitação entre os dois, e nos sacrifícios que voluntariamente os dois partilham em favor das novas vidas que de ambos nasceram.

Quanto a outras formas de afeto e desejo entre homem com homem e mulher com mulher, e até entre adultos e adolescentes, nossa Igreja questiona e se opõe. Não chama isso de sacramento. E não vê isso como sexo realizador.

Haverá acirrada oposição contra a nossa Igreja por causa de nossa doutrina? Sim! Devemos mudar para sermos vistos como Igreja misericordiosa? Não! É possível ser misericordioso dizendo sim e não quando o assunto é vida e amor. Para a Igreja Católica, casamento e matrimônio é entre homem e mulher!

Geração sem rumo e sem prumo

Você pode fazer parte da geração com prumo e com rumo ou da geração sem prumo e sem rumo. Depende dos amigos que escolheu, da escola que frequentou e da faculdade onde aprendeu seus conceitos de sexo, amor e política.

Se decidir trocar as doutrinas da sua Igreja pelas doutrinas de mestres marxistas, esquerdistas, direitistas, ateus e outros mestres, a decisão sempre será sua.

Seu prumo e seu rumo passam por suas escolhas. Jesus deixou que os discípulos que não o aceitavam mais fossem embora (Jo 6,64-67). Pedro e os outros discípulos ficaram. Acharam que valia a pena. E arriscaram a vida por estas e outras doutrinas de Jesus!

Divulgar-se sem ser vulgar

Na televisão, no rádio, nas redes sociais, nos palcos e nos espetáculos, você pode se divulgar sem ser vulgar, ou pode divulgar-se sendo cada dia mais vulgar. Dependerá das suas roupas, da sua nudez, dos gestos e das cenas que assumir, das piadas e dos textos que usará.

É possível ser bonito, bonita, inteligente, grande artista, grande cantor, grande dançarina, grande comediante e até grande pregador sem resvalar para a vulgaridade. Pense nisso, porque ultimamente na mídia há mensagens e posturas vulgares que envergonham a própria mãe, o próprio grupo e a própria Igreja.

Quando tudo vale para ter mais audiência, o vale-tudo acaba em vulgaridade. Qualquer coisa não é o mesmo que a coisa certa.

JOVENS QUE APRENDERAM A REPERCUTIR

Catequese é o ato de repercutir, passar adiante um conhecimento e um jeito de crer. Outros creem de outro jeito. Nós, cristãos católicos, cremos do jeito da nossa Igreja, aceitando a doutrina dos Concílios Católicos, do Catecismo da Igreja Católica, assim como a Doutrina Social da nossa Igreja, os ensinamentos dos papas, e, tendo aprendido, repercutimos, passando adiante o que aprendemos.

A Pastoral da Juventude e também a Pastoral da Comunicação, por exemplo, são escolas de informação e de formação de catequistas jovens. Formamos jovens que querem repercutir a nossa doutrina.

Se você quer fazer parte disso, procure um desses grupos e inscreva-se como jovem catequista ou repercutidor. Que a doutrina da Igreja Católica também passe por suas mãos, por seu coração e por sua inteligência! Amém!

Moisés, Buda, Jesus, Maomé

Se escolheu crer num deles, respeite os outros. Eles significam muito para bilhões de pessoas. Se você, juntamente com bilhões de cristãos, crê que Jesus é o Filho de Deus e que ele é divino, este é seu direito. Se crê que Moisés marcou o mundo com sua liderança e suas leis que Javé inspirou, é direito seu. Se bilhões acreditam que Buda era um iluminado, é direito deles. E se mais de um bilhão de muçulmanos acha que Maomé trouxe a doutrina de Alá para o mundo, é um direito deles.

Brigar e matar por isso é negar o valor de qualquer religião. Ou dialogam e respeitam ou não são religiões sérias.

SEXO, DROGAS E SUICÍDIO

Há uma angústia e uma enfermidade mental que podem levar a pessoa a tirar a própria vida ou a vida dos outros. Psicólogos e psiquiatras estudam estas anomalias.

Excesso de sexo pode levar a isso. Excesso de açúcar ou de sal podem desequilibrar um corpo. Excesso de prazer ou de dor podem levar ao paroxismo. E quando a pessoa não sabe mais parar de procurar sexo, acontece com ela o mesmo que se dá com quem abusa do açúcar, do álcool, dos tóxicos. Começa a associar-se com qualquer um, de qualquer jeito e correndo todos os riscos desses relacionamentos.

O suicídio por excesso de paixão ou de sexo existe desde que o mundo é mundo. Mas, com a oferta maior de drogas e de emoções pela mídia, algumas pessoas são mais suscetíveis a desmoronarem na busca de sensações fortes. É a história do elástico que um dia arrebenta, porque não volta ao normal.

Fama, notoriedade e sucesso

Alguém já morreu de fama e de sucesso? Já! Há vários livros que narraram o fim das pessoas famosas. Triste, muito triste! A caridade não nos permite citar seus nomes, mas foram mais de mil nomes desde que a indústria da fama se instalou no mundo. Funciona como a indústria dos entorpecentes. Chega o momento em que a pessoa continua a consumir o que não tem. Fama demais mata, assim como comida ou bebida demais.

Se você tem mais de trinta anos, já deve ter lido a história de pessoas famosas que se mataram ou morreram de excesso. A fama as catapultou e a mesma fama as aniquilou. A pressão foi tanta, que não conseguiram mais controlar suas vidas. Mulheres lindíssimas, homens belíssimos, gente talentosíssima, todos morreram por algum excesso.

Repasse mentalmente o que você sabe sobre ídolos da música, do cinema, do teatro e da TV. Em última análise, morreram por excesso de fama. Não eram mais eles mesmos. Valiam milhões e quem precisava desse lucro puxou até onde pôde para arrancar o dinheiro neles investido. Os promotores de fama têm culpa nessas mortes. Assassinaram e, de certa forma, foram assassinados porque atuaram sem ter condição de atuar. Foram escravizados com toneladas de lucro. Não puderam parar. Por isso alguns entraram no falso consolo dos barbitúricos e dos tóxicos.

Esses promotores de infelicidade raramente são punidos. Os famosos assinaram os papéis que lhes dariam milhões. A responsabilidade ficou com quem assinou.

A geração imediatista

Imediatista é tudo o que não espera o suficiente. Imediatista é o agricultor que não espera o fruto estar suficiente maduro para ser colhido. Imediatista é quem não espera um filho amadurecer e força seu amadurecimento. Imediatista é o jovem que quer tudo agora e ele mesmo não espera amadurecer. Há gerações de crianças, jovens e adultos apressados. Querem resultados imediatos. Quase sempre erram no tempo e nos métodos.

Profetas em fase de treinamento sabem que precisam esperar. Os que têm pressa erguem o prédio que cai, porque o cimento não foi bem ajustado e não secou o suficiente para que se passasse para outros andares...

CERCADOS DE PSICOPATAS

Ninguém gosta de ser chamado de psicopata. Até porque nem sempre é fácil definir a extensão de uma psicopatia. Mas é fato notório que há adolescentes, jovens, adultos e anciãos psicopatas.

Isto não quer dizer que toda pessoa portadora de comportamento anômalo, diferente, anormal é psicopata. Mas há alguns tipos de enfermidade mental que se enquadram no que os psicólogos e psiquiatras classificam como casos difíceis de detectar e tratar e mais ainda de curar. A ciência não chegou a essas respostas.

Como certos tipos de câncer invasivos, para os quais ainda não existem intervenções nem curas, os especialistas não conseguem curar as psicopatias. Há muitos livros sobre isso. Se alguém da sua família demonstra comportamento estranho ou agressivo, procure ajuda. Não arrisque você a diagnosticar e tentar curar. Só com oração. Não somos Jesus Cristo para passar por cima da ciência. Ele poderia porque cremos que era o Filho de Deus. Todos os outros, padres, pastores ou leigos que acham que têm o dom da cura devem tomar cuidado com essas curas feitas nos templos.

O assunto é mais complicado do que parece.

Mas esta casta de demônios não se expulsa senão pela oração e pelo jejum (Mateus 17,21).

O dom da cura não pode ser exercido por qualquer um, assim como a medicina não é para qualquer curioso que não estudou as dores do corpo e da alma. E comportamento diagnosticado como psicopatia deve ser encaminhado a psiquiatras. Nós podemos orar, mas o tratamento não se realiza nos templos.

Ainda não se encontraram

Na procura por si mesmo e pelos outros há princípios que o Cristianismo oferece, mas que também outras filosofias e outras religiões oferecem. E o primeiro princípio é tentar conhecer-se, conhecer melhor os outros e exercitar a compaixão, isto é, tentar entender as dores dos outros.

A maior prova de que alguém está no caminho certo é a atitude compassiva e aberta ao diálogo de cada pessoa em face das outras. A maior prova de que alguém ainda não se encontrou é a agressividade demonstrada contra pessoas de outra cultura, outra cor, outra fé e outras convicções.

O fanático nunca admite que é fanático, assim como quem é ladrão e corrupto não gosta de ser chamado de corrupto; mas quem se acha mais iluminado do que os outros e chega a agredir pessoas até da sua própria religião, porque não segue sua visão de fé ou de espiritualidade, é uma pessoa que ainda não se encontrou. É por isso que se apelida um fanático de fariseu ou saduceu. Eles se achavam mais iluminados do que os outros. Quem não seguisse suas regras era tido como inimigo da fé judaica. Jesus foi morto por essa gente!

NINGUÉM É TÃO BAMBAMBÃ

Bambambã é uma expressão usada ainda hoje para designar alguém que acha que sempre acerta. Ora, ninguém acerta sempre e em tudo. Por isso a pessoa bambambã é uma fraude.

Você vai encontrar esse tipo de colega ou de pessoa. Nunca dará razão para os outros num debate. Elevará a voz, baterá de frente e, se todos concordarem com uma decisão, daqui a pouco ele achará um ponto no qual discordará, porque não pode perder.

Num curso que ministrei sobre Pastoral de Juventude numa diocese do Sul do Brasil, um grupo de oito rapazes doutrinados para tumultuar sempre tomava a palavra, quando não era a sua vez. Era fácil saber que estavam orientados por alguém de fora.

Feitas as votações com a presença do bispo, de noventa e oito participantes inscritos, noventa levantaram as mãos dizendo que aprovaram a resoluções. Como era de se esperar, os oito esmiuçadores pediram a palavra.

Perguntei aos presentes se me haviam chamado para moderar aquele encontro de jovens! Votaram em mim. Perguntei se tinham votado conscientemente. Disseram que sim. Então usei da autoridade a mim concedida e, em nome do bispo e da Pastoral dos jovens, declarei que o assunto estava encerrado. Os oito habituais opositores perderam.

Levantaram-se em grupo e foram embora. Não podendo mais tumultuar, tumultuaram indo embora. Lembrei-me de

Jesus em João 6,64-67. Podem ir embora se não aceitam esta doutrina votada pela maioria... Ninguém é tão bambambã que vencerá sempre. Saber perder também é sinal de humildade.

Saber concordar e saber discordar

Se seu sonho é saber repercutir a Palavra de Deus e a palavra da Igreja, aprenda o quanto antes a arte de saber concordar e discordar. Nem sempre você concordará com tudo e nem sempre você discordará de tudo. Se aprender isso, será um excelente catequista.

Conectados, assinalados e devidamente tatuados

Depois dos dezoito anos, o que você faz com a sua pele é assunto seu. Se quiser pode tatuar o mapa do Brasil, da Rússia, de Cuba, da Coreia do Norte ou dos Estados Unidos. E pode também tatuar o nome do seu atual namorado ou da sua atual namorada. Se for imediatista vai fazer isso, como a mocinha de 24 anos que tatuou no órgão genital o nome do namorado com quem se relacionava há três anos. Ele também tatuou o nome dela no seu órgão genital.

Estavam conectados até no sexo. Estavam assinalados e devidamente tatuados. Maior declaração de amor não havia. Mas brigaram feio. Um traiu o outro num Carnaval na praia. E veio a clássica explicação: *Ele já era; ela já era. Não significa mais nada para mim.* Mas aquela tatuagem os desmentia. Foi doloroso o processo de remover a tatuagem. Há certos namoros e certas paixões que nunca mais saem da memória. E estas são as tatuagens que mais ferem!

PÔR OS PINGOS NOS "IS"

A falta de um acento, de um ponto e vírgula, de uma crase ou de um ponto final já machucou muitas pessoas.

– *A mãe da minha ex-namorada era uma prostituta. Sua mãe também.*

O rapaz que disse isso levou um tapa na cara por não ter completado a frase. O que ele queria dizer, mas não disse, era:

– *A avó da minha ex-namorada também era prostituta.*

Se, ao invés de ter dito *sua mãe também*, tivesse dito *a mãe dela também* não teria levado um solene tapa na cara.

Nas discussões sobre religião há muitas frases desse tipo. Ouviram falar e reproduzem sem saber o que o papa ou o bispo ou o líder anglicano disseram. E aqui embaixo os fiéis se digladiam por uma frase nunca checada na internet...

A DECISÃO É SUA

Tente não esquecer esta pedagogia que está na Bíblia e em todos os manuais de comportamento humano: há decisões que vêm de outras pessoas, quando somos crianças; quando crescemos, há decisões de mestres e líderes que nos dão cultura e meios de sobreviver e somos pagos para isso; aceitamos as decisões do técnico, dos eleitos e da hierarquia porque aceitamos que outros governem e liderem. **Mas há decisões que são somente suas** e não podem ser de outros. Cantei isso em 1969 para jovens da minha paróquia e depois gravei para que entendessem que na Bíblia e na vida não é possível delegar a decisão a outros.

Está no começo da Bíblia. No livro do Deuteronômio.

"Os céus e a terra tomo hoje por testemunhas contra vós, de que te tenho proposto a vida e a morte, a bênção e a maldição; escolhe pois a vida, para que vivas, tu e a tua descendência" (Deuteronômio 30,19).

Mas para um hebreu tudo era confuso, porque ora ouviam que não deveriam matar, ora que deveriam matar.

Não matarás (Êxodo 20,13).

"De palavras de falsidade te afastarás, e não matarás o inocente e o justo; porque não justificarei o ímpio" (Êxodo 23,7).

"Mas certamente o matarás; a tua mão será a primeira contra ele, para o matar; e depois a mão de todo o povo" (Deuteronômio 13,9).

"Também a mulher que se chegar a algum animal, para ajuntar-se com ele, aquela mulher matarás bem assim como o animal; certamente morrerão; o seu sangue será sobre eles" (Levítico 20,16).

E disse-lhes: "Assim diz o SENHOR Deus de Israel: Cada um ponha a sua espada sobre a sua coxa; e passai e tornai pelo arraial de porta em porta, e mate cada um a seu irmão, e cada um a seu amigo, e cada um a seu vizinho" (Êxodo 32,27).

Foi preciso que, ao longo dos séculos, profetas – e até Jesus – ensinassem ao povo selvagem, acostumado com as guerras da região, que não se mata os outros, nem os inimigos. O povo teve que aprender que era preciso dialogar e que só em caso de legítima defesa de si mesmo e dos seus filhos se podia matar. Nunca se poderia atacar por traição e com requintes de crueldade.

Nosso tempo esqueceu isso. As duas bombas atômicas jogadas sobre Hiroshima e Nagasaki mataram mais de cem mil pessoas inocentes em vingança contra quem atacou por traição. O que os comunistas fizeram na China e na Rússia e em vários países foi assassínio perverso. Quiseram aniquilar cidades e aldeias inteiras. Fizeram o mesmo que, na Bíblia, líderes que se diziam religiosos fizeram contra o povo de Laís e cidades inteiras.

E assim Josué desfez a Amaleque e a seu povo, ao fio da espada (Êxodo 17,13).

"Certamente ferirás, ao fio da espada, os moradores daquela cidade, destruindo a ela e a tudo o que nela houver, até os animais" (Deuteronômio 13,15).

E Abimeleque pelejou contra a cidade todo aquele dia, e tomou a cidade, e matou o povo que nela havia; e assolou a cidade, e a semeou de sal (Juízes 9,45).

Jesus deixou claro que discípulo e seguidor dele não mata nem mesmo o inimigo. Estamos no Novo Testamento. Jesus não chama Deus de Javé, mas de *MEU PAI e vosso Pai*. Perdão, misericórdia e diálogo são as palavras-chaves.

VIDA DE TARTARUGA

Trinta anos depois, a tartaruga voltou para a praia onde nascera para botar seus ovos. Botou-os e foi embora. Eram mais de vinte ovos. Dois meses depois, os ovos tornaram-se minitartaruguinhas, que desde o começo tiveram que lutar para sobreviver. Havia pássaros esperando para comê-las. As que escaparam tiveram que fugir dos caranguejos. Das vinte escaparam quatro, das quais três foram comidas.

Apenas uma delas voltou trinta anos para fazer a mesma coisa que sua mãe. Viver como tartaruga é muito difícil quando não há proteção ambiental nem condições de sobrevivência.

Vida de adolescente sem pais

Uma moça pobre, que cresceu prostituta, foi abandonada pelo rapaz que a engravidou duas vezes. Aos 30 anos, tentou criar suas duas filhas numa favela do Rio de Janeiro. Vendia pastéis numa feira. À tarde vendia seus próprios quitutes numa praia. Mas tinha que fazer isso às escondidas, porque não conseguira licença.

Suas meninas chegaram aos 10 e 13 anos sem a mínima proteção, porque onde moravam, sem ajuda de um rapaz ou homem, poucas meninas cresciam sem cair na vida. Aos 16 anos uma delas ainda era virgem, a outra não. A que não era, passou a sair com rapazes e acabou numa boate. A mãe a perdeu de vista, porque um dia ela sumiu.

A que se guardou ficou com a mãe, que entrou para uma igreja. Namora um rapaz pentecostal que não mexe com drogas. A mãe faz gosto que eles namorem. O rapaz diz que será pastor. Na favela, que agora se chama comunidade, há jovens querendo acertar seu rumo. Mas há muitos jovens, rapazes e moças, que não enxergam outro caminho senão o da sobrevivência.

Como tartarugas, alguns escapam, outros nunca mais se ajustam.

PROFETAS QUE SABEM DIALOGAR

No Concílio Vaticano II, desde 1962-1965 a principal recomendação desde os primeiros discursos do Papa João XXIII e do Papa Paulo VI foi o diálogo com o mundo, com as igrejas cristãs, com as outras religiões, com as culturas, sempre na caridade.

A Igreja, na sua assembleia conciliar, entendeu que esse Concílio chamado Vaticano II iria estudar um jeito de propor suas doutrinas atualizadas, sem ser ingênuo, mas também sem ser esnobe. Ouviriam os outros, incluindo crentes e ateus.

O Concílio dimensionou o que era positivo e o que era negativo no mundo. E consagrou o termo "comunhão entre as diferenças". Entendeu o que seria discordar e concordar, no que discordaríamos e no que concordaríamos.

Na *Gaudium et Spes* e na *Unitatis Redintegratio* acenou para um diálogo amplo. A Igreja conversaria com amigos e até com os inimigos. Evidentemente houve quem discordasse dessa postura e que até hoje discorda. Mas a Igreja considera que é uma postura profética ir ao encontro de outros povos e culturas e lá dialogar, não como quem veio a nós, mas como quem foi aos outros.

Hoje há milhões de jovens católicos que aceitam o ecumenismo e vivem essa profecia. Também há outros que encaram os novos papas e as novas propostas da Igreja com um pé atrás. Um olhar para o presente e para o futuro é um tipo de profecia. Um olhar para o passado e uma postura de defesa contra o mundo que nos invade é outro tipo de profecia.

Pé demais no freio ou pé demais no acelerador nem sempre é dirigir corretamente. Por isso, as leituras da fé e dos documentos dos papas e das conferências episcopais podem ajudar e ajudam. Que tipo de profeta você é? Aceita mudanças substanciais na nossa Igreja ou não? Aceita o papa que no momento nos lidera, ou prefere outros papas?

O que você anda publicando na sua página de internauta?

NÃO ME CHAME DE PROFETA

Nunca disse, nem direi, nem concordarei com isso. Se outros aceitam ser chamados de profetas, imagino que Deus tenha dito isso a eles. A mim ele nunca apareceu dizendo que eu seria profeta.

Se aconteceu com Jeremias, Isaías, Amós ou Oseias, não aconteceu comigo. Se aconteceu com Ágabo, com Paulo e com Pedro, não aconteceu comigo. A Igreja Católica, através dos seus líderes, em 1966 achou que eu poderia ser sacerdote católico numa congregação de padres – os dehonianos –, mas nem os bispos nem os meus superiores me disseram que sou um profeta.

Uma coisa é profetizar com a Igreja que teve e tem muitos profetas e outra coisa é eu sair por aí dizendo que sou profeta. Jesus nunca me disse isso. As autoridades da nossa Igreja nunca me deram esse título. Só pediram que eu profetizasse com a Igreja do nosso tempo. Mas sempre junto para ser justo!

Assim, quando vejo nos palcos e nos congressos alguém assumindo o título de profeta, eu respeito, porque talvez Jesus de fato lhe tenha aparecido. Da minha parte, até agora, Jesus não me deu o dom da cura, o dom das línguas, nem os dons de outros pregadores. Sei que ele me deu através da Igreja Católica o dom de ser padre, catequista, pregador e eventualmente escritor, cantor e comunicador.

Mas a profecia sempre foi um dom muito exigente. A maioria dos verdadeiros profetas jovens, adultos e anciãos pagou um preço por sua coerência. Leigos, leigas, papas, cardeais, bispos, padres que foram chamados a profetizar, isto é, a falar em nome de Jesus e da Igreja, se caracterizaram pela coerência. Nunca usaram do seu chamado para angariar fama e usufruir da sua profecia.

Quando a Igreja os canonizou ou quando tem a intenção de canonizá-los, o que ela observa em primeiro lugar é essa coerência de quem viveu para servir e foi prudente no que falou. E a coerência é o mata-burro dos profetas e evangelizadores. É nesse mata-burro que os que buscam a fama e a riqueza resvalam e caem.

Se você está profetizando por convicção, fuja do título. A menos que Jesus tenha aparecido ao vivo, e não apenas em desejo e em sonho, aceite o título de cantor ou pregador ou escritor ou catequista. Os títulos de líder e porta-voz são assunto de Jesus.

> Então se aproximou dele a mãe dos filhos de Zebedeu, com seus filhos, adorando-o, e fazendo-lhe um pedido.
>
> E ele diz-lhe: "Que queres?"
>
> Ela respondeu: "Dize que estes meus dois filhos se assentem, um à tua direita e outro à tua esquerda, no teu reino".
>
> Jesus, porém, respondendo, disse: "Não sabeis o que pedis. Podeis vós beber o cálice que eu hei de beber, e ser batizados com o batismo com que eu sou batizado?"
>
> Dizem-lhe eles: "Podemos".
>
> E diz-lhes ele: "Na verdade bebereis o meu cálice e sereis batizados com o batismo com que eu sou batizado, mas o assentar-se à minha direita ou à minha esquerda não me pertence dá-lo, mas é para aqueles para quem meu Pai o tem preparado" (Mateus 20,20-23).
>
> "Porque surgirão falsos cristos, falsos ungidos e falsos profetas, e farão tão grandes sinais e prodígios que, se possível fora, enganariam até os escolhidos" (Mateus 24,24).

IMAGINO QUE VOCÊ TENHA ENTENDIDO!

Chamemos de conclusão a estas linhas. A intenção era ajudar a refletir sobre o dom de profetizar que, segundo a Bíblia, alguns crentes tinham e outros não tinham, e mesmo assim muitos imaginavam ou fingiam ter.

O mundo deu voltas e estamos diante das mesmas ilusões ou pretensões ou constatações dos últimos três mil anos. Sentir-se profeta é uma grande tentação para quem não tem o dom, e continua a ser um peso para quem o tem.

Como a profecia religiosa é um dom oferecido por Deus em vista do seu povo, quem acha que o conseguirá por truques e marketing diante de câmeras e microfones corre o risco de um dia ser desmoralizado. Toda mentira tem pernas curtas. Profecias fictícias também.

Diante do aumento de pseudoprofecias nas emissoras de rádio e de televisão, nos templos, nos congressos, convém alertar os que desejam ser católicos, a respeito dessas fantasias.

Foi isso que me levou a este pequeno livro. Não se brinca de ser profeta. Continua valendo o que está narrado em Atos 19,11-16:

E Deus pelas mãos de Paulo fazia maravilhas extraordinárias.
De sorte que até os lenços e aventais se levavam do seu corpo aos enfermos, e as enfermidades fugiam deles, e os espíritos malignos saíam.

E alguns dos exorcistas judeus ambulantes tentavam invocar o nome do Senhor Jesus sobre os que tinham espíritos malignos, dizendo: "Esconjuro-vos por Jesus a quem Paulo prega".

E os que faziam isto eram sete filhos de Ceva, judeu, principal dos sacerdotes.

Respondendo, porém, o espírito maligno, disse: "Conheço a Jesus, e bem sei quem é Paulo; mas vós quem sois?".

E, saltando neles o homem que tinha o espírito maligno, e assenhoreando-se de todos, pôde mais do que eles; de tal maneira que, nus e feridos, fugiram daquela casa.

Oremos pelos verdadeiros profetas. Oremos também pelos que se imaginam os profetas que não são!